U0583159

本书由全国教育科学规划项目资助出版

光明社科文库
GUANGMING DAILY PRESS:
A SOCIAL SCIENCE SERIES

·教育与语言书系·

核心素养视域下的
大学育人目标

荀振芳 ｜ 著

光明日报出版社

图书在版编目（CIP）数据

核心素养视域下的大学育人目标 / 荀振芳著 . -- 北
京：光明日报出版社，2023.7
ISBN 978 - 7 - 5194 - 7394 - 5

Ⅰ . ①核… Ⅱ . ①荀… Ⅲ . ①高等学校—思想政治教
育—研究—中国 Ⅳ . ①G641

中国国家版本馆 CIP 数据核字（2023）第 145352 号

核心素养视域下的大学育人目标

HEXIN SUYANG SHIYU XIA DE DAXUE YUREN MUBIAO

著　　者：荀振芳

责任编辑：杜春荣　　　　　　　责任校对：房　蓉　龚彩虹
封面设计：中联华文　　　　　　责任印制：曹　诤

出版发行：光明日报出版社
地　　址：北京市西城区永安路 106 号，100050
电　　话：010 - 63169890（咨询），010 - 63131930（邮购）
传　　真：010 - 63131930
网　　址：http：// book. gmw. cn
E - mail：gmrbcbs@ gmw. cn
法律顾问：北京市兰台律师事务所龚柳方律师

印　　刷：三河市华东印刷有限公司
装　　订：三河市华东印刷有限公司
本书如有破损、缺页、装订错误，请与本社联系调换，电话：010-63131930

开　　本：170mm×240mm
字　　数：154 千字　　　　　　印　　张：11.5
版　　次：2024 年 1 月第 1 版　　印　　次：2024 年 1 月第 1 次印刷
书　　号：ISBN 978 - 7 - 5194 - 7394 - 5
定　　价：85.00 元

版权所有　　翻印必究

目 录
CONTENTS

第一章

大学育人目标的时代追问

大学作为人类最古老的文化机构，近千年的发展历史既是学校机构产生、建制、发展、壮大的发展史，更是高等教育思想形成、发展、转型、变化的变革史。作为机构的发展是大学组织形态与内容的发生、变异与发展，而思想的变革则是教育观念、文化与制度的建设、转折、裂变与革新，与高等教育自身的特质及其所处的时代属性、历史方位与社会责任密切相关，需要把大学放置于本体的溯源、时代的透视、历史的反思及全球的方位构筑研究框架，窥见其真义所在。走得太远，容易忘了来时的路，路阻且长，更要找准方向。从根本上来说，跨越时代与地域，大学从起源、发展到未来，自始至终都是围绕"培养什么样的人"以及"如何培养人"这个高等教育永恒的命题来展开的，这是大学关于育人目标的本源追问。

第一节　作为本体论的大学：大学的共通性

钱穆先生曾说，一所理想的大学，同时该具备两项性质，共通性和特殊性。所谓共通性，亦可说是世界性；所谓特殊性，亦可说是地域性。人与人之间，有共通性，将来的世界，正该在此共通性上努力发展。一所理想的大学，在此方面，负有重大的意义和使命。① 所谓大学的"共通性"，很好地表达了作为本体论的大学的本源特质，即大学作为人类史上珍贵的公共性精神文化遗产，其关于育人心智的本源意义。

"一切教育的原初目的就在于人的陶育，其积极的意义和成果就是通过一定的襄赞制度而达到个人能力的发展和价值观念的形成。"② 人的思想与心灵的自由发展是人类史上最初萌生的大学存在的本源意义。柏拉图于公元前 387 年创立了或许是世界上最早的综合性学院——Academy，以传授知识、交流思想、启发心智为主要"授道"目的，为统治者提供政治咨询以及培养政治、文化方面的精英人才。在 Academy 学园里，教师和学生以极其自由的问答交流方式传递着思想，研究着学问，崇尚至尊的理性，道德教育占据核心地位。从东西方比较的角度，古希腊教育的特点源于其形而上学、数学、几何学、天文学的传统，因而成为西方理性主义大学教育的发轫；而中国传统教育则不同，儒家作为中国人文思想的主流，将个人品格的内心修炼作为崇善的第一法则，相应的家庭伦理、宗法制度、社会治理都居于个人的品格修养，而在心灵自由与理性训练方面与西方教育存在差距。但是，在人的道德教育所占据的中心地位方面，东西方教育有着殊途同归的思想根基。

一、人的发展是一切教育的目的

"大学（university），顾名思义，应该是一个'大而全的宇宙'（universe）。"大而全，并非指知识，"最重要的因素仍然是：活跃的头脑，领会问题并提出疑问的能力，方法的掌握"③。显然，雅斯贝尔斯所指的大学最重要的是在这个"大而全的宇宙"中人自身的发展。"大

① 钱穆. 文化与教育［M］. 北京：九州出版社，2014：221.
② 韩水法. 大学与学术［M］. 北京：北京大学出版社，2008：4.
③ ［德］雅斯贝尔斯. 大学之理念［M］. 邱立波，译. 上海：上海人民出版社，2007：75.

学是一个将以献身科学真理的探索和传播为志业的人们联合起来的机构"，但是"科学家必须作为一个人，而不仅仅是作为一个专家，投身到探索真理的事业中去"，所以，第一是培养"整合的人"，"第二位的工作才是教学"。① 马克思更是从"人的根本就是人自身""人是人的最高本质"出发奠定了哲学思想基础，其核心就是人的发展、人的个性、人的自由、人的尊严、人的解放、人的幸福。正如学者们在探讨西方高等教育建立初期大学的精神，"高等教育滥觞时期教学方式和内容以及人们加入那种教育团体的自由，揭示大学教育的素朴的本来意义；人们参与此种教育的目的主要是为着陶冶自身和追求知识，后者在当时的基本意义也就是找到某种可以效法和追随的外在的法则和美德；……职业和谋生的压力大概可以排除在接受高等教育的动机之外，但是这并不意味着当时学习和研究的知识没有实用的价值"②。

在高等教育学领域被奉为圭臬的布鲁贝克高等教育哲学，把"高深学问"作为逻辑起点，主要从认识论和政治论来探讨大学的根本目的，其认识的路径主要把"知识"作为大学的材料，而集中讨论大学的科研职能和社会服务职能。这一点，曾一度使高等教育的认识出现了偏差。"偏离了人才培养这条主线，从而大大削弱了其理论的自洽性和适切性，这也是其理论遭到普遍误读的根本原因。"③ 因此，"要恢复布鲁贝克认识论与政治论这一对范畴的生命力，必须从人才培养的角度探讨高等教育目的"④。脱离了人的教育没有存在的合法性，从本意上也

---

① ［德］雅斯贝尔斯．大学之理念［M］．邱立波，译．上海：上海人民出版社，2007：22.
② 韩水法．大学与学术［M］．北京：北京大学出版社，2008：6.
③ 韩水法．大学与学术［M］．北京：北京大学出版社，2008：6
④ 周光礼．培养理性的行动者：高等教育目的再思考［J］．高等工程教育研究，2015（3）：49-53.

不是布鲁贝克高等教育哲学的思想要义。①

二、高深知识是大学教育的逻辑起点

　　知识的生成、获得、传播与研究是大学教育存在的最本真的理由。纽曼《大学的理想》中称"知识本身是瑰宝""知识本身即目的"，因为"这是人类心智的本性"②。布鲁贝克认为，知识——高深学问本身即思考高等教育目的的出发点，而在伯顿·R. 克拉克这里，知识是构筑高等教育系统这座宏伟大厦的最基本材料。我们可以通俗地理解为：任何国家的高等教育都是围绕着特殊的理智材料组织起来的，其基本材料在很大程度上构成各民族中比较深奥的那部分文化观念和有关技能；学者们的工作就是围绕高深学问，寻找方式扩大它或者把它传授给学生。当他们对历代流传下来的书面材料和口头材料进行思考、记忆和批判性评论时，他们起了保存和提炼知识的作用；当他们致力于发现和形成新的知识成果时，他们发挥了扩充知识的作用；当他们把经过深思熟虑的大量知识传授给他人时，他们起了教学和传授知识的作用；当他们实际运用知识为社会其他部门提供帮助时，他们所从事的是直接应用知识的工作。③ 相对早期高等教育而言，大学成为权威的教学团体，它不仅成为人类知识保存、传播、发展和创新的固定场所，而且为社会培养公认的各个领域的精英。

　　而关于知识有多少种类，什么知识才最有价值，是先哲们深入思考探讨的核心问题。从亚里士多德开始就对知识分类做出最初的探索，把

---

① 周光礼. 培养理性的行动者：高等教育目的再思考［J］. 高等工程教育研究，2015（3）：49-53.
② ［英］约翰·亨利·纽曼. 大学的理想［M］. 徐辉，顾建新，何曙，译. 杭州：浙江教育出版社，2001：23，31，34.
③ ［美］伯顿·R. 克拉克. 高等教育系统：学术组织的跨国研究［M］. 王承绪，等译. 杭州：杭州大学出版社，1994：11-12.

知识分为理论的、应用的与工艺的三大类。在大学的古典时期，大学知识逐步形成文学（哲学）、法学、医学、神学四大主科。后来，在今天构成自然科学、社会科学和人文学科的那些学科逐渐从哲学中分化出来。17 世纪后，哲学院或文学院的课程已经包括逻辑学、形而上学、伦理学三个基础学科，以及心理学、自然法、政治、物理学、数学、历史等学科，但人文学科始终是大学的基础学科。"科学"一词曾专门用于关于物质科学的理论部分，后来，其中的工程技术、应用知识也包括在内了。在更广泛的理解下，"科学"就泛指一切知识，有关非物质的各种知识也都冠之以"科学"，比如，有了语言科学、艺术科学、管理科学这类的称呼。① 18 世纪之后，学科的分类成为知识领域的主流，而大学教育究竟应该学习什么知识也成了高等教育一个深刻的问题，出现了自由教育（博雅教育）与专业教育的分野，其发展模式对于培养人的深刻影响成为一种教育思想变革，一直延续至现代社会。

三、理念与文化是大学灵魂之所在

关于大学的理念，早期的高等教育哲学家、思想家如纽曼、雅斯贝尔斯、弗莱克斯纳、郝钦斯等都有过许多表述，他们一个突出的特点是作为理性主义教育思想的代表，强调人的心智道德养成、知识的纯粹理性发展、自由教育的完全实现。在大学历史上，中世纪大学的发展历经了太多坎坷，真正使大学获得重生的是在德国洪堡大学时期，真正开始步入现代大学的门槛，使现代大学的原则、思想、职能与体制都逐步确立了起来。从洪堡时代开始，大学不仅传授知识，而且也研究、发展知识，大学要追求真理、崇尚科学、学术自由，大学要成为科学发展的摇篮，大学要肩负起振兴民族、效力国家的使命，等等。洪堡大学建立起了真正意义上的现代大学体系，不仅如此，德国大学的模式迅速在世界

---

① 张楚廷. 高等教育哲学通论 ［M］. 北京：高等教育出版社，2010：250.

蔓延开来，影响英国、美国、法国等国家大学的现代化进程。比如，美国教育史学家认为，除了大学的原则和体制，美国留德学生从德国大学那里获得了三种智力财富：智力习惯（intellectual habit）、智力方法（intellectual method）、智力和道德信念（intellectual and ethical conviction）。"智力习惯代表学者个人及其学术的独立性，它是三种财富中最宝贵的"；"智力方法代表在思想和研究上的全面性和准确性（thoroughness），这似乎是日耳曼人的一种独特的财富，即掌握全部能够知道的有关的事实材料"；"智力和道德信念——深信自己所做的事情将为美国的知识和学术增添财富"。这些智力财富本身就是一种大学文化，这种文化正是美国大学在当代远远走在世界其他大学前面的社会条件。①洪堡精神被称为新人文主义精神，其最高理想和目的是人自身的自由、全面的发展，它依然排斥直接的实用主义。但到了美国大学之后，这种对新人文主义的批判性继承与变革式创新发展到了一个新的高度，大学开始真正走向社会的中心，与人类社会发展的命运坚实地联系了起来，大学教育从内容到形态都发生了根本性的变化。

第二节 作为发展性的大学：大学的时代性

大学开始是一个单一的共同体——老师和学生的共同体。② 经过几百年的流转、变迁与发展，今天的大学已经成为具备完全知识体系、学科制度、管理规制的教育体系，在内容、形态、体制、体系等方面发生了巨大变化。这种变化是全球性的。近现代以来，虽然世界性的高等教育体系民主化发展进程在不同国家地区有着先后次序上的差异，但是，

① 韩水法. 大学与学术［M］. 北京：北京大学出版社，2008：17.
② 克拉克·克尔. 大学之用［M］. 高铦，高戈，沙沙，译. 北京：北京大学出版社，2019：1.

高等教育与时代并进的趋势是不可避免的，而且日益成为社会的发展轴心。21 世纪的到来，教育的发展与各国政治、经济、文化的发展进步更加复杂地交织在一起，东西方教育同时面临着共性和差异性的问题，中国的高等教育更是处于一个巨大的转型、跨越与提升时期。

一、马丁·特罗的教育扩张理论

20 世纪以后，全球性的高等教育扩张与发展运动成为现代社会发展的一个显著趋势，高等教育的黄金时代到来。20 世纪 70 年代，美国学者马丁·特罗（Martin Trow）提出了一个著名的高等教育规模扩张理论，即高等教育规模扩张的不同程度或阶段会引起高等教育性质的不同变化。马丁·特罗把高等教育的毛入学率作为衡量高等教育发展水平的一个重要的标志性尺度，把高等教育划分为三个阶段，即精英阶段、大众化阶段和普及化阶段。他认为，当高等教育规模扩大到能为 15% 左右的适龄青年提供学习机会之前，它的精英性质基本上不会改变；当达到 15%~50% 时，高等教育系统的性质开始转向大众化阶段；当超过 50% 时，高等教育开始快速迈向普及化阶段，必然会创新高等教育模式。马丁·特罗的理论在全球高等教育领域产生了深远影响，但事实上，特罗理论最重要的并不在于证明高等教育规模数字的变化，而是强调从"量"的扩张来提醒人们关注"质"的变化，"质的规定性"是高等教育规模扩张理论的核心。马丁·特罗曾从宏观到微观的 11 个维度描述了这些"规定性"的内容，如高等教育规模、教育观念、教育功能、课程、教学形式与师生关系、学生学习经历、领导与决策、学术标准、学校类型与规模、入学与选拔以及高等学校内部治理。虽然这些"质的规定性"不一定完全符合中国高校的情况，但具有很大方法论启示意义。因为，"在我国的语境下，这些'质的规定性'更多地体现为高等教育的内涵式发展，即外延式的高等教育规模扩张基本完成之后，要关注高等教育内涵式发展"①。研究者关心的是，在一个宏大的时代发展背景下，高等教育规模在由量变到质变的累积与阶段性转折时，大学教育对人的培养目标从理念到模式的变化。

二、从精英教育到大众教育

高等教育只是作为少数人的获得性权利，这是精英教育的典型特征。精英化阶段的高等教育理念主要包括精英教育、特权教育和人文教育等，高等教育主要以传播人文知识为目的，而不以社会生产应用为目的。这个阶段的教育沿袭高度理性主义的大学教育理念，在坚持为学术而学术、坚持追求高深知识的内在品性方面做出了不朽的探索。比如，英国高等教育有着深厚的人文教育传统，始终如一地坚持学术金本位质量标准，奉行学术自由、大学自治的大学制度，博雅教育有着源远流长的历史。而美国高等教育深受实用主义教育价值观的强烈影响，把不断满足广泛的、多样性的社会需求以及对之做出迅速反应和最好的适应作为高等教育追求的目标，形成了高等教育的多样性特征。因而在日益开放的社会背景下，在走向大众教育的进程步伐中美国相较英国走在了前列，而由高等教育大众化的发展为社会进步所做出的贡献，美国大学也是独树一帜。因为，精英教育一向是以知识本身为目的的理性主义教育思想，在大学与社会日益紧密的联系与共同发展中，其生命力不断受到质疑，大学为此经常遭到批判，迎合大众阶层与社会需求的高等教育已如势不可当的潮流汹涌而至，必然以全新的面貌为之改观。

中国大众教育的门槛一般理解为自 1999 年开始的大学扩招。中国改革开放之后的社会经济发展需要大批高素质的专业技术人才，高等教育的大门开始向广大社会民众开放，高等教育规模连年攀升，上大学由

---

① 邬大光. 探索高等教育普及化的"大国道路"[J]. 中国高教研究，2021（2）：4-9.

少数人的特权与殊荣变成了人民大众的权利，这给整个社会与民族科学文化素质的大幅度提升带来了惊喜的变化，高等教育促进社会经济发展的功能更加凸现，教育与社会的联系达到从未有过的紧密。但是，伴随着高等教育走向社会的中心，经济社会的繁荣、物质文明的发达同时带来了社会竞争的加剧、世界性的金融危机以及普遍层面的就业压力等的加剧。为此，高等教育关注人的全面和谐发展的使命越来越弱化，取而代之的是大学的实用性、功利性越来越明显，大学教育与职业选择、物质发达、经济繁荣、仕途成功的直接联系取得了前所未有的合法地位，高等教育的"工具理性"成为大众化高等教育阶段的重要特质。从现实层面来看，高等教育通常是围着社会和市场在打转，大学围绕社会和市场开设越来越多的专业，上大学的人更多的是去学习纯粹的技能性知识，这种过分强调高等教育的社会功能性而忽视人的和谐完善发展的导向，最终会导致人才培养片面化的严重后果；而人才发展的不和谐性，更会带来诸如道德滑坡、心理疾病、精神失常等多种社会性问题的出现，最终不利于社会的进步与经济的发展，不利于文明世界与和谐社会的构建，这个问题正在引发一种全球性的教育危机。

三、普及化教育时代的到来

21 世纪以后，世界高等教育发展进入了普及化的快车道。根据联合国教科文组织公布的数据，2005 年，世界上约有 1/4 的国家（地区）的高等教育毛入学率在 50% 以上，随之，全球高等教育进入了不均衡的高速发展时期。其中，一些高收入国家（地区）高等教育平均毛入学率在 2018 年已达 75%；2020 年，全球有 76 个国家（地区）已进入高等教育普及化发展阶段，有 26 个国家（地区）的高等教育毛入学率超过了 80%。普及化阶段之后，高等教育的发展呈现多维度、多样化、个性化的变化。如果说，大众化高等教育突破了精英化高等教育的受众阶层，将高等教育的功能延伸到更为广泛的社会实际部门，为社会生产和生活培养了更多技术和职业人才；那么，普及化阶段之后，高等教育对人的需求和适应有了更高质量、更多层面、更持续发展、更广泛方位的需求：教育供给要满足人的高层次、高水平、多样化的发展需求，服务不同阶层人们终身学习的需要，推动新一代社会公民全方位素质提升，等等。不仅如此，对飞速发展的时代而言，教育从适应社会的需求到引领社会的进步，创新发展成为高质量发展内涵的核心要义，"高等教育不仅要满足高新技术发展和高新产业创新发展的要求，还要更多地满足一般社会行业和产业升级换代发展要求，特别是传统上与高等教育没有直接关系的社会生产和生活部门的发展要求"[①]。这表明，普及化高等教育质量的适应面更宽更强。

如果说大众化阶段的高等教育理念主要有科学（或科技）教育、权利教育和多样化教育的话，那么，普及化教育阶段的教育理念就更加走向开放与包容。有学者把普及化教育阶段的理念归结为这样几个特点：平民的、个性的、包容的、开放的教育理念。[②] 平民的理念强调了普及化阶段高等教育继续扩大受众范围，强化服务平民大众的教育宗旨，而且发展高等教育的目的更加现实化——与普通民众生活和一般社会生产联系更为紧密。个性教育则是实现平民教育的必然要求，强调不同阶层、年龄、类型的教育都将释放最大的空间，教育将满足多样化、个别化、个性化受众群体的需求。包容性理念不仅指高等教育能够容纳大规模的受教育者，使教育基础和背景各异、求学动机各不相同的受教育者都能得到发展，而且表现在文化的多元融合推动不同区域、不同种族、不同民族的文化相互交织，教育的全球化与国际交流程度更高，从

[①] 别敦荣，易梦春. 高等教育普及化发展标准、进程预测及路径选择 [J]. 教育研究：2021（2）：63-79.

[②] 别敦荣，王严淞. 普及化高等教育理念及其实践要求 [J]. 中国高教研究，2016（4）：1-8.

而使高等教育展现无穷的发展潜力和强大的社会功能。不仅如此，全面开放的高等教育更是面向全体国民的、无障碍的、无资格的现实教育，高等教育更加全面地融入社会，社会全面地参与高等教育。这种全面的开放关系，既是高等教育实现普及化的条件，同时也是社会现代化发展对高等教育推进的必然要求。

四、高等教育的未来

人类社会进入 21 世纪以后，全球化的政治、经济、科技、人文、自然等形势都发生了巨大的变化。世界正经历着百年未有之大变局，以信息化、数字化、智能化为特征的新一轮科技革命和产业革命加快重塑世界，人口增长、资源枯竭、气候变化、过度消费、环境濒危等成为人类可持续性发展极大的威胁，高等教育的未来正经历前所未有的多种困境和极大考验。比如，人工智能在全球的崛起，将给教育以及很多行业带来深刻的变革。有学者将以人工智能、增强现实和虚拟现实等为主要内容的个性化教育称为继家庭、部落学习（第一次教育革命）、有组织的学校规制学习（第二次教育革命）、印刷与世俗化为主要内容的大众化教育（第三次教育革命）之后的"第四次教育革命"。① 而教育者的困境在于，常规的认知技能，即最容易教授和测试的技能，也正是最容易变得数字化、自动化和外包的技能，这是信息化时代带来的挑战。在这种形势下，教育的成功已不再是对知识内容的复制，而是要用我们已经知道的知识进行推断，并在新的情况下创造性地运用这些知识。这一学习过程也包括进行跨学科的思考，例如，每个人都可以在互联网上搜索信息，但是，成功往往属于那些知道如何利用这些信息的人。这对传统的教育提出了极大的挑战，从理念到内容、从技术到路径，必须深刻

---

① ［英］安东尼·塞尔登，奥拉迪梅吉·阿比多耶. 第四次教育革命：人工智能如何改变教育［M］. 吕晓志，译. 北京：机械工业出版社，2019：14.

变革才能适应新的需求。面对这样的形势和问题，国际经合组织发言人安德烈亚斯·施莱希尔为此进行了精辟的分析，他说：世界变得越来越复杂，未来的工作可能会将人工智能与人类的社交和情感技能、态度、价值观结合起来。随后，我们的创新能力、意识和责任感将使我们能够利用人工智能的力量来改善世界。这将使人类能够创造新的价值。此外，当今世界也不再对人才进行专才和通才的划分。专才指精通某一领域的人；通才则指对各领域都有所了解但浅尝辄止的人。专才通常技能深厚，研究领域狭窄，具有同行认可的专业知识，但并不总在其领域之外受到重视；通才了解的领域很广，但掌握的技巧很浅。如今，最重要的是培养这样一类人："能够在新的情况和经验中应用知识，从而获得新的技能、建立新的关系并在此过程中扮演新的角色的人；能够在快速变化的世界和不断变化的情境中不断学习、不困于所学和重新学习的人。"① 所以，面对不确定的世界和未来，教育为加速变化的时代培养一代新人，他们所应具备的知识、技能与品质要重新认识和评估。

第三节　大学育人目标的省思与审问

　　教育、人与社会是教育活动最基本的三个概念。教育作为有目的、有意识地培养人的社会活动，拥有育人的功能与社会的功能是教育的基本属性。从这个视角来看教育活动，基础教育与高等教育并无本质的区别。但是，从一般性对教育活动规律的认识方面，基础教育更多地涉及"教育自身"，即主要从人的年龄阶段的心理特征出发研究教育活动的内容与方式，而人们对高等教育的认识则更多地与社会联系起来，从社

---

① ［德］安德烈亚斯·施莱希尔. 教育面向学生的未来，而不是我们的过去［J］. 华东师范大学学报（教育科学版），2020（5）：1-21.

会的需求出发来研究高等教育的性质。多年来，正是以"高深学问"作为高等教育研究的逻辑起点，过分强调高等教育的独特性以及与基础教育的根本区别，因而，教育与人的发展这个教育的基本问题常常在理论上被高等教育研究所忽略。在现实中，强调大学的科研职能、社会服务职能而偏离人才培养的根本职能，也成为多年来高等教育实践的一个严重问题。从本质上，这是对高等教育育人功能的弱化，忽视了高等教育育人功能在高等教育属性中的基础地位与核心位置。事实上，人的发展是所有教育的根本出发点与最终目的，社会政治、经济、文化、科技等一切的发展进步，最终都要取决于人的发展，人的发展是社会进步的基础与前提，也是社会发展的最终归宿和目的；离开人的发展，高等教育必将成为无源之水、无本之木，只有当高等教育把注意力全部集中在人的发展的时候，高等教育的基本立足点才不会动摇，这是高等教育育人功能的基础性与根本性所决定的。因而，"培养什么人""如何培养人"是高等教育的根本问题，也是研究高等教育的原点。新时代中国特色社会主义高等教育把"立德树人"作为高校的根本任务，这是高等教育健康发展的根本遵循，也是研究、探讨高校育人目标的根本指导。

一、人才培养首要职能的回归

中世纪大学是人们公认的现代大学的基本雏形。关于中世纪大学的研究常常谈及，最初的中世纪大学往往是以自由探讨、自由辩论、自由演讲催生出来的，而当时中世纪的欧洲社会背景具备了产生这些讨论学问的基本条件。但是，实际上，从对人类社会最早的大学，如博洛尼亚大学、巴黎大学等延续至今的大学案例的研究证明，这些大学之所以建立，都始于一些当时社会所需学说的传播与教授，由此引发了专门人才的培育。如博洛尼亚大学是从罗马法学者欧内乌斯对罗马法的教学开始的，至今，这所大学仍然保留着法学教育中心的传统。而巴黎大学则是逻辑学与辩证法的教授与学术中心。恩格斯说，"新时代是以返回到希腊人而开始的"①，这是因为以亚里士多德为代表的希腊学说回归成为中世纪大学思想传播的主要内容。这些学说经过传播、教授与学习，培养了大批的学者、思想家与相关领域的知识精英，这是大学起源的最初逻辑。正是在这个意义上，人才培养是大学之所以被称为大学的第一职能。"任何一种类型的社会机构、社会组织，都有着其他类型的社会机构、社会组织所不具有的独特存在理由，这种独特存在理由同时也就成为社会机构、社会组织必须履行的根本职能。"② 随着大学的历史演化与发展，从德国大学与美国大学开始，科学研究与社会服务也与人才培养职能一样成为大学的职能，这是大学三大职能的由来。

从我国高等教育大众化发展以来，高等教育的理论与实践关于大学三大职能的探讨一直没有终止。而随着高等教育发展中以重点项目建设为标志的"211""985"工程建设的"争优"体制的不断推进，高等教育改革实践长期的"重科研、轻教学"现象成为大学建设多年不能回避的主要问题之一，也在很多方面引起了严重的后果。对于人才培养职能普遍受到削弱的现象，许多大学实践工作者与理论工作者都提出了严肃批评，强调人才培养是大学的"首要职能""大学教育的本位""第一使命"，强调本科教育是大学的"立校之本"，等等。国家在政策层面与改革策略方面也开始进入调整阶段。进入新世纪之后，建设一流大学、一流学科的"双一流"建设成为国家科教兴国的重要战略，"双一流"发展战略确立了"人才培养、科学研究、师资队伍建设、文化与国际交流"的四大中心任务，再次确立人才培养中心任务，强化本科教育根基作用，大学育人功能的基础、先导地位得以重新审视。

① 张楚廷. 高等教育哲学通论［M］. 北京：高等教育出版社，2010：44.
② 吴康宁. 人才培养：强化大学的根本职能［J］. 江苏高教，2017（12）：1-4.

二、大学育人目标：概念与认识

目标的概念从字义上理解，"目"指的是"眼睛"；"标"，木杪末也，即指目力所能注视的地方。① 人们在认识或研究中，往往把目标视为"目的"的狭义化、具体化或特定化、类型化。在哲学意义上，马克思把目标视为一种观念的先觉意识的"存在"，并且这个"存在"规定着他的所有行动。他指出："劳动过程结束时得到的结果，在这个过程开始时就已经在劳动者的表象中，即已经观念地存在着。他不仅使自然物发生形式变化，同时他还在自然物中实现自己的目的，这个目的是他所知道的，是作为规律决定着他的活动的方式和方法的，他必须使他的意志服从这个目的。"因此，目标从本质的意义上具有主观性、方向性、指引性、导向性等，它规定与引导着人们向特定的方向、主观的意图、规划的路径实施行动。根据文辅相先生的研究，"教育目标是为了满足一定的教育需求、推动预期教育目的实现的教育导向标志或标准""教育目标有广义与狭义之分，也有层次之别。广义的教育目标概念是指社会发展和人的发展对教育包括教育发展与教育活动提出的要求，这种要求明显地表现出层次性，如国家教育目标、学校教育目标、专业教育目标、课程教育目标等，这种要求包括人才培养的质量要求，也包括人才培养的数量和结构要求，这就构成了人才培养目标与教育发展的近期、中期、长远目标等，这种要求还分为总的要求与分类、分阶段的要求，这就构成了教育的总目标、子目标和德、智、体、美诸育的分类目标等。狭义的教育目标概念是指一定社会对人才培养提出的质量和规格要求，其总目标通常被称为教育目的"。② 大学育人目标作为教育活动

---

① 王严淞. 论我国一流大学本科人才培养目标［J］. 中国高教研究，2016（8）：13-19.

② 文辅相. 教育目标是教育思想的核心：兼析我国社会主义的高等教育目标［J］. 高等教育研究，1990（2）：18-24.

的主导方向与顶层设计，除了具有目标的一般意义之外，还必须蕴含着教育性和规律性，它要代表教育者引领的主导方向，对于"培养什么人"做出基本规定、顶层设计与科学规划，同时，还要符合人才培养的基本规律，这样才能规划好"如何培养人"的科学路径；其中，方向规定着路径，理念决定着内容。因而，大学育人目标的导向性对大学人才培养起着根本性的作用，对于教育的根本问题——"培养什么样的人"以及"如何培养人"，从办学方向、教育理念、课程设计、培养体系、人才品质等都产生着深刻影响。

三、关于大学办学及育人目标的现实省思

大学教育从根本上来说是育人的问题。作为大学教育的出发点，明确的大学教育目标蕴含着深刻的教育理念、丰富的办学思想、鲜活的教育实践，因此，在分析大学育人目标时，不能把其仅仅作为一种关于人才培养顶层设计的文字描述来看，而是要从人的可持续发展的宏大命题出发，坚持"以人为本"的理念，紧密围绕学生的培养、成长与终身可持续发展，把社会需求目标、时代发展目标、大学办学目标、学校教育目标与学生培养目标紧密联系起来，综合地思考与探索育人目标的问题。

（一）理性的视角：我们的大学，应该培养什么人

20世纪以后，世界性的高等教育运动使全球性的高等教育进入了一个蓬勃发展的时期。之后一百多年的发展，适逢社会政治经济变革、科学技术与信息革命飞速发展的黄金时期，高等教育面临的形势发生急剧变化。对于不确定的未来社会，学校要培养什么样的人，全球教育领域都在进行深入的思考与探讨。如2017年一项对全球大学校长的调查，关于技术变化对大学带来的影响，列的清单主要包括：教育成本的负担能力、保持质量、自治挑战、保持国际化、直接就业的吸引和人文教育

的衰落、心理健康、终身教育、教学质量和学生需求。而面对未来教育要实现什么目标，主要包括：教育公民在经济和军事方面发挥积极的作用、社会化、文化传承、开发人的先天潜能、自我认识、智慧辨析与个性发展等。① 除此之外，世界经合组织（OECD）、欧盟委员会、美国卡耐基教学促进委员会等国际教育组织都从不同方向针对未来社会对教育人才培养的需求进行了大量的研究。在这种形势下，我国高等教育从教育理念、教育思想、教育体制、教学内容和方法方面不断加快推进深化改革的步伐，在高等学校"立德树人"根本任务和根本标准的指导下，也从教育理念与办学实践的双重维度对未来人才培养的目标、要求和素质等做出不断探索，比较共性的认识，集中为学校教育加强学生的人格整合能力、价值观教育、学习能力、批判性思维、全球胜任力、公民意识与素养、创新意识与创造力等方面的培养要求。同时，不少学者呼吁，对学生的评价要从知识评价转向素养评价，要加强大学人才培养的核心素养、关键能力或综合素质能力教育等。这些都给高等教育人才培养办学思想、教学内容、课程体系、教学方法、教育评价等方面带来深刻的冲击与变革。

（二）反思的视角：我们的大学培养的人，问题在哪里

2008 年，美国耶鲁大学教授威廉·德雷谢维奇（William Deresiewicz）写了一篇《精英教育的劣势》的文章，首次对美国一流大学的人才培养提出了深刻反思。2014 年，该教授又出版了《优秀的绵羊》一书，作者认为："当前的美国精英教育已经陷入了误区，这套系统下培养出来的学生大都聪明，有天分，斗志昂扬，但同时又充满焦虑、胆小怕事，对未来一片茫然，极度缺乏目标感，他们被包裹在一个巨大的特权泡泡里，所有人都老实巴交地向着同一个方向前进。他们非常擅于解决

---

① ［英］安东尼·塞尔登，奥拉迪梅吉·阿比多耶. 第四次教育革命：人工智能如何改变教育［M］. 吕晓志，译. 北京：机械工业出版社，2019：14.

手头的问题，却不知道为什么要解决这些问题。"无独有偶，我国北京大学钱理群教授也发表了在教育界引起强烈反响的一段话，他指出"我们的大学，正在培养一大批精致的利己主义者"①。清华大学钱颖一教授在反思多年的教育实践时对中国学生培养做出了更为精辟的总结，他说，我们的学生"在知识和能力上是高'均值'、低'方差'，而在人的素养、价值等方面，则表现为低'均值'、高'方差'"，为此，"必须反思我们的人才观"。② 这些论断，都是对现今高等教育人才培养的一种强有力的质疑与批评，同时，也带有深深的忧虑。理论的探讨从根本上源于现实的需求。从问题导向的视角反观教育实践，对我国建设一流大学的国家战略目标与一流大学建设实践进行深入思考研究，可以发现高等教育改革发展实践中的许多问题，而这些实践问题反映出来的根本是高等教育办学思想的问题，其中，由人才培养目标导向引发的育人问题已成为高等教育关注的焦点。

　　新中国成立 70 多年以来的高等教育，随着中国政治经济社会的发展走过了一个异常曲折起伏的发展历程。这个历程也反映了我国高等教育的发展，一直是在探索高等教育自身规律的摸索过程中迂回前进的。张应强教授在总结 70 年高等教育发展历程的办学思想时，将其归结为三个发展阶段：以政治建设为中心的高等教育发展思想（1949—1977年）、以经济建设为中心的高等教育发展思想（1978—2011 年）、以人民为中心的高等教育发展思想（2012 年以来）。③ 而邬大光教授则根据70 年高等学校办学的性质特征，按着时间维度，将其归结为"跟跑"与"领跑"的三个阶段：第一阶段"跟跑"的是欧美高等教育模式，

---

① 邬大光 . 重视本科教育：一流大学成熟的标志 ［J］ . 中国高教研究，2016（6）：5-10.

② 钱颖一 . 为什么中国的"杰出人才"少？［R/OL］. 今日头条，2015-03-30.

③ 张应强，邬大光，眭依凡，等 . 中国高等教育 70 年十人谈（笔会）［J］. 苏州大学学报，2019（3）：22-50.

时间从我国近代第一所大学的形成到 1949 年；第二个阶段"跟跑"的是苏联高等教育模式，时间从新中国成立后的 1950 年到 1966 年；第三个阶段"跟跑"的又是欧美高等教育模式，但状态与第一阶段显著不同，时间从改革开放的 1978 年至今。前两个阶段"跟跑"的足迹十分明显，第三个阶段则相对复杂，既延续了"跟跑"的惯性，也可以找到"并跑"的特征，还出现了"领跑"的苗头。① 高等教育在"跟跑"欧美高等教育模式时，适逢科学技术的发展没有达到高度发达、学科知识没有高度分化的时期，因而我国高等学校主要学习欧美高等教育通识教育的办学模式，以培养综合化的精英人才为主；而新中国成立之后几十年，苏联教育模式的整齐划一的"一边倒"，综合大学纷纷遭遇拆分的命运，使高校过度的计划经济式专业教育大行其道。改革开放以来，在高度发达的科学技术、信息化时代等的冲击下，我国高等教育的改革发展面临着更加复杂的局势，在"双一流"大学建设竞争与自主发展的环境下，许多高校在专业教育、综合发展、素质教育等种种办学思想与改革实践中左右摇摆，无从选择。反映在办学成果方面，高等教育培养的人与社会经济发展不相适应、与时代要求不相符合的问题十分普遍。特别是在现阶段，高等教育改革发展面临着一系列深层次的问题，充分说明我国在高等教育发展中对于高教自身规律认识与理解得不够深入、不够透彻、不够成熟，高等教育迫切面临着"转型"的需求。这一系列问题，反映在育人目标、育人内容、育人模式方面，突出表现为三个割裂或矛盾现象。

1. 育人目标指向的教育阶段割裂。人的发展从个体自身而言是一个连续的、统一的、协调的发展过程，只是不同阶段表现出不同的生理、心理特点与认知方式。因而，教育始终是一个复杂的认识与实践活

---

① 张应强，邬大光，眭依凡，等 . 中国高等教育 70 年十人谈（笔会）［J］. 苏州大学学报，2019（3）：22-50.

动。如果整个教育活动没有在一个贯穿的发展理念指导下推进工作，而只是机械地对应人的不同发展阶段，"头痛医头""脚痛医脚"，那么，这样的教育一定不会是符合发展规律的教育，也注定不会成功。从我国教育实践发展而言，中小学教育与高等教育在人才培养目标、培养模式、培养体制等方面都存在着矛盾和割裂的现象。比如，创新人才的选拔和培养是一项系统工程，贯穿各个学段的学校教育，涉及教育教学的各个环节。但事实上，以高考分数为核心的衔接，造成了大学与中学的创新人才培养的"断裂"。大学提出培养"创新人才"的目标，而中小学教育缺乏相应的目标和培养机制，应对高考之于普通教育的意义高于一切。长期以来，中学与大学的关系，只是一个选择人才的关系，而不是培养人才的关系。很多教育家与教育工作者都认识到了这一点。在2018年《中国教育报》举办的著名大学中学校长峰会上，谢维和教授认为："'衔接'是一个教育体制的人才培养质量高低的重要的边界条件，特别是关系到创新人才出现和成长的重要体制性基础，而'衔接'的反面，自然是'分离'；用著名教育家杜威的话来说，分离是教育中最大的浪费。"为此，"中学与大学如何建立起以人才培养为核心的有效对接是一个关键问题"。中学校长孙先亮指出："当下的教育是集体的迷失，迷失在以分数为追求的过程之中，迷失在以分数为标准的评价之中，迷失在以物质为基础的功利主义的庸俗环境中。教育越走越远，似乎已经忘记了为什么出发。我们崇尚发达国家的教育内容和方式，却过高看重他们技术层面的意义，而忽视了深层的东西，那就是真正的'以人为本'、真正地尊重生命自身的价值、真正从生命本身出发的教育设计。"① 而从人才培养目标的导向方面，如何在"立德树人"的根本目标和标准下推进大学教育综合改革，贯通大中小学教育的核心素养目标导向应是一个需要深入探索的理论与实践问题。

---

① 唐景莉. 寻找创新人才培养对接点 ［N］. 中国教育报，2013-05-31（5）.

2. 育人目标内容的"结构式"割裂。从党的十八大以来，国家在反思长期以来高等学校育人问题的基础上，大力突出与加强了高等学校的"思想政治教育"，提出构建"大思政"育人格局与推进"三全育人"的综合改革。这在很大程度上是基于长期以来高等教育育人过程中"价值观教育"与"知识教育"割裂的现状而做出的战略方略，具体体现在我国的高等教育的人才培养目标方面，即关于大学生"做人"与"做事"的割裂与矛盾。在忽左忽右的教育模式飘移中，学生的价值取向、做人态度与知识结构、能力素质发展等方面的教育内容始终不能在大学教育活动中统一起来，致使人才培养出现很多问题，这也是目前高等学校已普遍认识到也在致力解决的核心问题。因而，目前高校加强思想政治工作，大力推进思政课教学，强调"课程思政"，实际上都是这个根本问题的反映。"培养什么人"以及"如何培养人"，这是关乎高等教育良好健康发展的命脉问题，其实质即价值观教育如何与知识教育融合的问题，这是当下高等学校教育教学改革的关键。

3. 育人目标导向的教育模式割裂。高等教育进入大众化时代以后，人才培养的问题更加受到关注，焦点集中为究竟是培养专门人才还是复合型人才，这个问题实际上一直困扰着大学，具体体现在多年来关于通识教育与专业教育、科教发展与人文教育的矛盾争端问题等。这些问题在理论上没有统一清晰的认识，导致在实践中问题层出不穷，比如：工科为主的大学要不要发展文科的问题，学科设置的口径、交叉与融合问题，专业教育与基础教育的关系问题，课程体系的顶层设计问题，等等。这些问题虽然在不同水平、不同类型、不同层次的高校表现内容、表现方式不同，但在我国整个高等教育体系中却是普遍性的共性存在，不仅影响着人才培养的质量、厚度、高度及规格，而且对整个大学制度、学术文化、管理模式都有着深层的影响。特别在当下推进教育现代化、建设"双一流"的进程中，时代对大批创新拔尖人才的强烈呼唤、国家对自主性科学技术创新的热切期望，都对大学的改革创新提出了前所未有的需求。而大学要以创新实践回应这样的需求与期盼，需要从教育理念、办学思想与育人模式上变革求新，必须解决好以上所述办学实践中育人导向的种种矛盾与割裂问题，在教育实践的持续性改革创新中不断探索、改进与突破。

（三）探索的视角：我们的人才培养目标，应该关注什么

大学的发展史就是转型的历史。大学转型既是一个"阵痛"的过程，也是一个"试错"的过程，更是一个长期探索的过程，转型需要教育观念的重新启蒙，转型需要大学人的"新文化运动"，① 需要跳出路径依赖的藩篱。习近平总书记在 2022 年 4 月 25 日考查中国人民大学时对我国新时代高等教育"双一流"建设提出了鲜明的建设目标，"要走出一条建设中国特色、世界一流大学的新路"。什么是"走新路"？就是立足于中华民族伟大复兴的战略全局与世界形势百年未有之大变局"两个大局"的历史方位，基于中国式现代化新道路和文化自信深刻反思和总结中国百余年大学发展道路经验与教训，特别是对跟在别人后面依样画葫芦的中国一流大学老路的尖锐批评和深刻警醒做出的最新论断和最新战略部署。我国高等教育发展到今天，需要认真反思和总结我国和国际大学转型的经验，寻找大学转型的规律，对西方经验进行中国本土化再造，走出历史惯性的"跟跑"与左右摇摆，努力发展中国特色社会主义高等教育的自主性、本土性、文化性。历史的经验告诉我们，在高等教育人才培养的目标中，必须基于"成人"与"成才"的融合、知识与道德的交融、全面与专才的兼顾来达到目标的统一性。用爱因斯坦所说的话，就是大学教育的最终目标在于培养"和谐的人"而不仅仅是培养一个"专家"。② 只有这样的人，才具有共通性、终身性、可持续发展性，才可以自如地应对变化的社会和发展的未来。

---

① 邬大光. 大学转型的"阵痛"[J]. 高等理科教育，2021（3）：3.
② ［美］爱因斯坦. 爱因斯坦文集：第一卷［M］. 许良英，范岱年，译. 北京：商务印书馆，1976：398.

　　如何培养"和谐发展的人"？教育理论研究者、工作者、实践者对于大学人才培养特别是对于作为大学之根基的本科教育，有着多方面的探索和反省。人们比较趋同的认识是大学应该以学生为中心，围绕学生的人格、知识、能力、素养等设计培养目标，组织教育计划、开展教育活动。因而，以培养学生核心素养为目标导向的教育，将是跨越时代与地域的教育活动的最终旨归。自古而今，无论东西方的大学教育，都在培养目标的设定中注重将学生的人格发展置于核心位置，这是一种从人的全面发展的视野，将知识教育与价值观教育统一起来的"回归人的教育""回归教育本质"的教育，是着眼于学生"终身发展"的教育，关键是引导学生核心素养、综合素质、能力的形成。大学是学生学习和成长的重要阶段，对人的品格形成、知识结构、能力完善等起着奠基性的重要作用，在很大程度上决定着学生未来发展的方向、职业、水平等。好的大学教育应着眼于学生的长远发展，好的教育目标应关注学生的未来，为学生一生的发展成长奠定坚实的基础。因而，作为引领高等教育发展潮流的先锋，一流大学对人才培养的设计，应当紧密围绕学生的人格形成、生存能力和终身发展来设计人才培养方案，开展教育活动，促进学生全面发展。

第二章

核心素养育人目标的理论探析

人才培养是教育事业的终极使命，促进学生全面发展是大、中、小学各阶段教育的中心任务。从根本上说教育是一种有意识、有目标地对人施加影响的社会活动，教育不同阶段有着不同的目标，而人的发展则是个体生命在外在环境影响下一以贯之的成长过程。面对学生个体的成长和发展，教育如何在立德树人根本任务的指导下，在一个统一的理念和有效的模式下融通各阶段的教育以促进学生的健康成长与全面发展是一个大的难题。高等教育不仅是学生个体与社会发展直接联结的最终端的教育环节，也是青年学生成长中人格养成与综合素质稳定形成的关键阶段。面对未来社会越来越多的不确定的因素变化，我们的教育能做什么？教育要给予学生什么？落实到人才培养目标上，究竟应该培养学生什么样的品质，才能以一种基本的、恒定的、不变的素质来应对这种变化，人才得以健康良好发展？这是我们从教育的供给侧出发，思考大学教育目标的逻辑起点，正是在这个意义上，提出学生核心素养概念的命题。

第一节 核心素养的概念及意义

一、核心素养命题的提出

"核心素养"（key competences）是 21 世纪初世界教育改革的关键词。为回应 21 世纪社会生活和经济变革的挑战，建构未来公民的形象，世界各主要国家、地区和经济体围绕培养学生的核心素养的概念、内容与发展路径展开了深入探讨，推进核心素养理念在某种意义上已经成为许多国家或地区制定教育政策、开展教育改革的基础。学界公认，"核心素养"一词最早出现在经济合作与发展组织（OECD，下文简称"经合组织"）和欧盟理事会的研究报告中。1997 年，经合组织开始启动"素养的界定与遴选：理论和概念基础"研究项目，2003 年，出版了最终研究报告《核心素养促进成功的生活和健全的社会》（*Key Competencies for a Successful Life and a Well-Functioning Society*），此后，"核心素养"作为一个概念开始广泛被认识和运用。2005 年，经合组织又发布了《核心素养的界定与遴选：行动纲要》（*The Definition and Selection of Key Competencies：Executive Summary*），进一步推进核心素养在教育实践中的应用。[①] 2002 年，欧盟组织发布的研究报告《知识经济时代的核心素养》中首次使用了"Key Competencies"这一概念，认为"核心素养代表了一系列知识、技能和态度的集合，它们是可迁移的、多功能的，这些素养是每个人发展自我、融入社会及胜任工作所必需的"。2010 年，欧盟理事会与欧盟委员会联合发布的报告《面向变化中的世界的核心

---

① 褚宏启.核心素养的概念与本质［J］.华东师范大学学报（教育科学版），2016
（1）：1-3.

素养》（*Key Competences for a Changing World*）中，"Key Competences"一词竟然出现了 381 次，真正成了"关键词"。在国际上，与"Key Competences"意义相同的一个词是"21st century skills"，这是美国面向未来的行动计划中对核心素养的专有称谓，在内容描述上与欧盟没有本质区别。

关于核心素养的研究，由经合组织推动的全球教育领域的"核心素养"热潮，在我国也得到了认真回应。不仅表现为理论界对核心素养话题持续的探讨和研究，而且体现在国家从政策层面将之纳入话语体系并予以实践推进。在教育领域，理论界关于核心素养的概念、范畴、体系的系统研究取得了一系列具有重要价值的研究成果。以北京师范大学林崇德教授为首的专家团队对学生"核心素养"经过持续的研究，2016 年发布了《中国学生发展核心素养》体系框架，从学生发展的核心素养概念出发，确立了文化基础、自主发展、社会参与等三个方面、六个维度、十八个关键要点的学生发展的核心素养体系，构建了以培养全面发展的人为核心的核心素养框架，核心素养迅速成为课程研究乃至教育研究的主流话语。2014 年 3 月，国家颁布了《关于全面深化课程改革落实立德树人根本任务的意见》，首次提出要在整个教育体系中研究制定学生发展核心素养体系和学业质量标准，根据学生的成长规律和社会对人才的需求，把对学生德智体美全面发展的总体要求和社会主义核心价值观的有关内容具体化、细化，这是国家层面将学生"核心素养"培养导入回答"培养什么人、怎样培养人"重大命题的政策回应。

二、素养、素质、核心素养：理论内涵

"素养"（competence）的概念，最早是来自哲学、心理学、社会学等领域的术语，从英译的意义中，该词译成"素养"，也可译为"胜任力或竞争力"。但在 20 世纪 90 年代以后，素养一词成为教育领域的一个频度很高

的使用概念。与素养一词同样出现频度很高的一个词就是"素质"（quality），素养与素质在描述人的性质或状态中经常被作为同义词来使用。素质和素养都是用以表征人的发展状况及其质量的概念，指人在学习和发展中所形成的那些内在的、比较概括的、相对稳定的身体和心理方面的特征（特质），是决定性地影响人的活动状况及其质量的内在因素。或者说，人在学习和发展过程中，会形成一些对人的活动状况及其质量产生根本影响的特征（特质），这些特征（特质）被称为素质、素养、品质等。[①] 但事实上，二者的含义还是有质的不同，素质的原始含义更多是指先天性、生理性的基质，而在中文的语境中，素养则与通常说的人的"教养"有更大的相关性，它更多指人在后天的教育、自身的努力或环境熏陶下形成的身心品质。但在我国20世纪90年代以后普遍运用的"素质教育"概念中，素质的含义也被扩展为泛指人基于先天生理基础并通过后天努力和环境影响而形成的身心特质，所以，素质与素养常常在很多范围中作为同义词使用。有一种观点认为，素质或素养是指人所学习的全部东西被遗忘之后所留下来的东西，素质或素养一旦形成，就成为与人的身心结构及生命活动融为一体的人的相对稳定的特征（特质），它与人的生命及其活动不可分离，对人的生命活动发生深刻影响。

　　英国著名的专业知识与素养研究专家埃劳特（Eraut）曾经总结过素养概念形成的三种学术传统：（1）行为主义心理学的传统，它给我们提供了非常详尽的素养行为的具体清单，它只聚焦任务分析的技术过程，却忽略了素养发展的社会和政治维度；（2）素养的发生学取向，旨在结合工作表现的优秀程度确定行为的总体质量，它更聚焦素养行为或表现的选择而不是培训或教育的目的；（3）基于素养和表现的认知建构，它起源于认知心理学的传统，旨在区分素养（competence）与表现（performance）等。如果从素养本土化的角度来思考，中文习惯运用

---

① 陈佑清. 教学论新编［M］. 北京：人民教育出版社，2011：80-81.

的"学养"或"修养"等词本来就是教育概念，它们与 competence 的内涵个体素养层面是吻合的，因为它们既涵盖了一个人所拥有的学识、所持的态度，也包括外显的行为得体、举止有度。但比较而言，competence 除了个体素养，还包括社会素养的内涵，而学养或修养则侧重个体素养，忽略了社会素养。① 因而，OECD 将素养一词简洁界定如下：素养（competency）不只是知识与技能，它是在特定情境中通过利用和调动心理社会资源（包括技能和态度）以满足复杂需要的能力。例如，有效交往的能力是一种素养，它可能利用一个人的语言知识、实用性信息技术技能以及对其交往的对象的态度。

"核心素养"（Key Competencies）意为关键的、核心的、主旨的"素养"，"key"在英语中有"关键的""必不可少的"等含义，简言之，"核心素养"就是"关键素养"，这个概念同样来自西方。从 OECD 与欧盟的理解来说，核心素养主要是指一个人成功应对实际生活中某种活动或行为所需要的"胜任力或竞争力"，它是由完成该种活动或行为所需要的知识、技能、态度等多种素质要素构成的综合性素质或整体性素质。从内涵来看，"核心素养"是指存在于人身上的内在的、比较概括的、相对稳定的身心特征（特质），是影响当代人的生活或活动状况和质量的内在因素，因此，核心素养依然属于素养或素质的范畴。但是，区别于原来素质教育中所讲到的单一的素质要素（如价值观、智力、技能、态度），核心素养是属于素质或素养中的一种关键性、综合性、整体性的素养。

那么，如何认识与把握核心素养的本质和意义，褚宏启、崔允漷等教授对此进行了深入研究，梳理其主要思想或观点，可以从以下几个方面理解核心素养的理论内涵：

1. 核心素养的本质是一种素养，这种素养实质上是带有实践行为

---

① 崔允漷. 素养：一个让人欢喜让人忧的概念［J］. 华东师范大学学报（教育科学版），2016（1）：3-5.

指向的、知识、技能、态度的统整与融合，是一整套可以被观察、教授、习得和测量的行为。知识（knowledge）、技能（skills）、态度（attitudes）是关键要素，这几种关键要素的整合与融会，就形成这种体现为人在真实情景中做出某种行为的能力或素质，而任何行为，都不是单一维度的知识、技能、态度所能支撑的，需要三者统合方能达成。

2. 核心素养是"关键素养"，不是全面素养。作为关键少数的核心素养，能发挥明确的导向作用，核心素养指明培养目标的重心和教育改革的重点。在教育目标问题上，核心素养的使命，不是解决"全面发展什么"的问题，而是解决在 21 世纪"重点发展什么"的问题。核心素养的提出具有鲜明的时代性，它是在 21 世纪能够促进个人发展、社会发展的关键少数素养，而 21 世纪的社会不同于农业社会和工业社会，是以知识经济、信息化、全球化为特征的新社会，其更加复杂、变化更快、不确定性更大，要求劳动力有更强的适应变化的能力，解决复杂问题的能力，交流与合作的能力以及使用现代信息技术的能力。核心素养作为适应个人终身发展和社会发展所需要的"关键素养"，只有具备这些素养，学生才能成功地适应社会，在自我实现的同时促进社会的发展，因而，核心素养框架的确定必须具有时代性与前瞻性，必须既反映人的发展的要求又体现社会发展的需要。

3. 核心素养是"高级素养"，不是"低级素养"，也不是"基础素养"。"核心素养本质上是在一个不确定的复杂情境中解决复杂问题的能力，涉及逻辑思维、分析、综合、推理、演绎、归纳和假设等高级素养（higher-order skills），也涉及自主自觉的行动、错综复杂的沟通交流，这些都是具有高层次水准心智复杂性的展现。"① 从这个意义上看，核心素养是 21 世纪个人终身发展和适应社会发展所需要的高级素养。学生生存与发展需要多种素养，但是，这些素养的重要性并不是平列并

---

① UNESCO. Rethinking Education：Towards a global common good？［R］. Paris：UNESCO Publishing，2015：41.

重的，需要有优先顺序。这些优先选项是什么呢？创新能力、信息素养、合作能力、社会责任、交流技能等排在前列，这些素养事关个体能否更好地应对 21 世纪的挑战，事关国家发展和民族振兴。因而，核心素养要反映"全球化"的要求，更要体现"本土性"的要求。①

4. 核心素养是面向全体国民的高级共同素养，而不同于特定领域的职业素养。2015 年联合国教科文组织发布《反思教育》报告，提出所有青年都要具备三类素养，即基础素养、可迁移素养和职业素养。其中，可迁移素养是指可以迁移和适应不同工作需求及环境的素养，包括"分析问题，找到适当的解决办法，有效地交流思想和信息，具有创造力，体现出领导能力和责任感，以及展示出创业能力"②。基础素养和可迁移素养属于人人都要具备的共同素养，职业素养则属于专门素养，可迁移素养即核心素养，它超越某一具体的职业领域，是不同行业的从业人员都应该具备的素养，正是在此意义上，核心素养也被称为共同素养、跨界素养、非学科素养，此处的跨界指超越各学科"之上""之外"，可以用于其他社会场域和职业领域的素养。

第二节　中外关于核心素养的目标框架

核心素养之于未来社会培养人的重要价值是 21 世纪全球教育发展的一个显著特征。正如研究者对核心素养的理论解读，在教育领域，核心素养是超越学生学习行为的结果性概念，从目标的意义上，它应该是包含系列知识、技能与素质的总体描述。但是，作为学生培养目标，核

---

① 褚宏启. 核心素养的概念与本质［J］. 华东师范大学学报（教育科学版），2016（1）：1-3.

② UNESCO. Rethinking Education：Towards a global common good? ［R］. Paris：UNESCO Publishing，2015：40.

心素养究竟应该包含哪些要素？建立一个完整的素养体系框架，是世界教育领域一直致力去做的一件事情，各个国家都为此做出了很大努力。1997年，经合组织（OECD）启动了"素养的界定与遴选"项目，2003年，出版了研究报告《核心素养促进成功的生活和健全的社会》，首次提出了关于核心素养的理解和内容。这篇报告的发表，随即引发了全球范围内关于核心素养目标和内涵的系列研究。

一、世界主要的核心素养框架类型

为应对时代变化与未来发展的多项需要，世界各国以及国际组织或经济体研究制定了一系列面对不同服务对象、应对不同需求、具有不同特点的核心素养框架。这些框架梳理起来，大致可分为5个主要的基本类型（表2-1）。①

表2-1 全球主要核心素养框架

框架名称	倡导者	框架目标	核心素养内涵
核心素养的界定与遴选	OECD	帮助公民实现成功生活并发展健全社会	（1）交互使用工具的能力；（2）在异质群体中有效互动的能力；（3）自主行动能力
为了终身学习的核心素养：欧洲参考框架	欧盟委员会	培养学习能力，指向终身教育	（1）母语沟通能力；（2）外语沟通能力；（3）数学和基础科技素养；（4）信息素养；（5）学会学习；（6）社会与公民素养；（7）创新和企业家精神；（8）文化意识和表达学生中心、价值观导向的教育

---

① 师曼，刘晟，刘霞，等.21世纪核心素养的框架及要素研究［J］.华东师范大学（教育科学版），2016（3）：29-37.

续表

框架名称	倡导者	框架目标	核心素养内涵
21世纪学习框架	美国	关注受教育者未来职业发展需要	（1）学习与创新技能；（2）生活与职业技能；（3）信息、媒体与技术技能培养学习能力，指向终身教育
21世纪技能和目标框架	新加坡	学生中心、价值观导向的教育	核心层（品格与道德培养）；第二层（社交和情感技能）；最外层（面向全球化世界的关键能力）包括全球意识、跨文化技能、公民素养、批判思维、信息与通信
普通教育内容现代化战略	俄罗斯	发展与改革教育，代替传统的知识传授	（1）认知素养；（2）日常生活；（3）文化休闲；（4）公民团体；（5）社会劳动素养

1. OECD框架——实现成功生活与发展健全社会。经合组织界定核心素养的逻辑起点是成功的生活和健全的社会，他们集中论述了个体需要哪些素养才能适应全球化、知识经济与技术变革的时代。换句话说，经合组织所选择的素养不是适应当前社会的素养，而是生存与发展于未来全球化、知识经济与技术高度发达的社会的素养，其核心素养划分为"互动地使用工具、在社会异质群体中互动和自主行动"三个类别。经合组织（2005）认为：核心素养应该为人人所需，并在多个实用领域都具有其特殊价值；素养的选择应该考虑其在多种情境中的适用性，包括经济与社会、个人生活的多个领域以及一些特定领域，如商业等行业。作为发起者和引领者，经合组织核心素养目标在全球教育界引起了广泛而深远的影响。

2. 欧盟参考框架——指向终身学习。欧盟发布的《终身学习核心素养：欧洲参考框架》（*Key Competences for Lifelong Learning*：*A European Reference Framework*）致力于为欧盟各国的教育政策制定尤其是课程改革提供可供参考的框架和方向。该核心素养框架主要包括：母语沟通能力、外语沟通能力、数学和科技基本素养、数字（信息）素养、学会学习、社会与公民素养、创新与企业家精神、文化意识和表现，并且每一素养又从知识、技能与态度三个维度进行具体描述。该框架制定的目标之一是：支持各成员国确保它们所培养的年轻人在基础教育与培训结束时具备一定水平的核心素养，这使得他们能够应对成人生活，并为未来学习和工作打下基础；此外，还确保这些国家的成年人能够在人生中不断发展和更新自己的关键素养。"学会学习"是欧盟基础教育阶段各门课程需要着力培育的素养，体现出这一框架"为终身学习服务"的主旨。

3. 美国 P21 框架——关注 21 世纪职场需要。关注受教育者未来职业发展的需要，在美国颇有渊源。2002 年美国正式启动 21 世纪核心技能研究项目，创建美国 21 世纪技能联盟（Partnership for 21st Century Skills，简称：P21），努力探寻那些可以让学生在 21 世纪获得成功的技能，建立 21 世纪技能框架体系，在世界范围内产生了广泛影响。21 世纪学习框架主要包括"学习与创新技能"（创造力与创新、批判思维与问题解决、交流沟通与合作）、"信息、媒体与技术技能"（信息素养、媒体素养、ICT 素养）、"生活与职业技能"（灵活性与适应性、主动性与自我导向、社会与跨文化素养、效率与责任、领导与负责）三个方面。这三方面主要描述学生在未来工作和生活中必须掌握的技能、知识和专业智能，包括相关知识内容、具体技能、专业智能与素养的融合。

4. 亚洲地区素养框架——凸显核心价值观。不同于欧美国家和地区，地处亚洲的几个经济体在历史、地理、经济与文化方面的发展渊源颇有相似之处，其素养框架也具有一定的共同点，一个显著特点是将价值观和态度摆在十分凸显的位置。以新加坡为例，政府提出了建设"思考型学校和学习型国家"的愿景，并提出四个理想的教育成果，即培养自信的人、主动的学习者、积极的贡献者和热心的国民；其核心素养框架包含三部分内容，即核心价值、社交及情商能力以及 21 世纪技能。核心价值是素养框架中的核心与决定性因素。

5. 俄罗斯素养框架——重视公民日常生活和文化休闲质量。俄罗斯联邦教育部采用基于素养的方法发展与改革教育，以代替传统的知识传授，其核心素养包括认知素养、日常生活、文化休闲、公民团体和社会劳动素养五个方面。俄罗斯 21 世纪核心素养框架最具特色的部分在于它将日常生活与文化休闲领域纳入核心素养发展领域，重视公民个人健康、家庭生活以及选择合适的途径和方法利用空闲时间，丰富个人文化和精神生活。

从以上不同目标框架可以看出，世界不同国家、地区、国际组织和专业机构均根据各自需求和传统，厘定信息时代核心素养的内涵和框架，因而，21 世纪核心素养框架各具特色，它们所包含的素养呈多样化特点，其层级关系和表述方式也各不相同。

二、中国核心素养目标框架研究

我国关于核心素养的研究，在学习借鉴国际经验的基础上，充分依据我国民族文化的本土特色与教育发展的实际需求，提出与制定公民发展需求与学校教育的学生核心素养目标框架。

（一）21 世纪核心素养 5C 模型

我国关于核心素养的研究热潮是 21 世纪教育发展的一个重要特点。其中，影响较大的有北京师范大学师曼教授研究团队的素养分类研究。师曼教授研究团队在梳理了全球 29 个核心素养框架中的素养条目的基础上，将含义相近、层级相当的条目合并，同时，依据素养的综合性特征，把情感、态度和价值观范畴的相关内容有机融合到相关素养条目之中，共得到两个范畴 18 项核心素养（表 2-2）。这 18 项素养条目中，有 9 项都与某个特定内容领域密切相关，称之为领域素养，包括基础领域素养（6 项）和新兴领域素养（3 项）；另 9 项超越特定领域的素养称之为通用素养，它们分别指向高阶认知（3 项）、个人成长（2 项）与社会性发展（4 项）。这项研究是我国核心素养研究中一项重要的素养分类研究。

表 2-2 29 个素养框架中提取的 18 项核心素养

维度	核心素养
领域素养	基础领域：语言素养、数学素养、科技素养、人文与社会素养、艺术素养、运动与健康素养 新兴领域：信息素养、环境素养、财商素养
通用素养	高阶认知：批判性思维、创造性与问题解决、学会学习与终身学习 个人成长：自我认识与自我调控、人生规划与幸福生活 社会性发展：沟通与合作、领导力、跨文化与国际理解、公民责任与社会参与

2017 年，北京师范大学中国教育创新研究院首次对外发布《21 世纪核心素养 5C 模型研究报告（中文版）》。这份报告进一步追问"打下中国根基、兼具国际视野"的人应该具有哪些素养，提出了"21 世纪核心素养 5C 模型"，包括文化理解与传承、审辩思维、创新、沟通、合作共五个方面。其中，值得关注的是，该报告继国际通用的核心素养 4C 模型之后，率先提出了"文化理解与传承素养"并将其置于核心素养的统领位置。五大素养从不同角度反映了 21 世纪人才必备的核心素养，它们之间既各有侧重，又相互紧密关联，形成一个有机整体（表 2-3）。

表 2-3 21 世纪核心素养 5C 模型框架

素养	素养要素
文化理解与传承素养 （Cultural Competence）	1. 文化理解 2. 文化认同 3. 文化践行
审辩思维素养（Critical Thinking）	1. 质疑批判 2. 分析论证 3. 综合生成 4. 反思评估
创新素养（Creativity）	1. 创新人格 2. 创新思维 3. 创新实践
沟通素养（Communication）	1. 同理心 2. 深度理解 3. 有效表达
合作素养（Collaboration）	1. 愿景认同 2. 责任分担 3. 协商共进

　　21世纪核心素养5C模型既具有国际视野又体现中国特色。审辩思维素养、创新素养、沟通素养、合作素养已为国际社会普遍共识。在这个国际通约性核心素养的基础上，中国教育创新研究院创造性地提出了"文化理解与传承素养"。这个素养的提出，根植于中华民族传统文化的土壤，但其讨论的视角、框架、内涵阐释对于世界各国、各民族都适用。这个5C模型的突破在于：第一，提出了文化理解与传承素养，突出强调对于中华优秀传统文化的认同与传承，使其成为中国学生特有的文化基因和精神脊梁；第二，强调中华优秀传统文化教育在发展学生道德规范、思想品格、价值取向等方面的独特作用；第三，各个素养的内涵阐释，既反映了认知要求，又体现了必备品格和价值观念，既反映结果目标，更突出过程目标；第四，对各素养关键要素的提炼和行为表现的描述，为21世纪核心素养教育从教育理念走向教育实践又迈出了重要的一步，为开展核心素养测评打下了良好的基础。① 5C模型发布后，引起了社会各界的充分关注，成为在基础教育领域受到广泛欢迎的核心素养框架。

　　（二）中国学生发展核心素养框架

　　2016年，我国北京师范大学林崇德教授团队发布了《中国学生发展核心素养总体框架》，这项成果引领了我国教育领域关于学生核心素养培养的系列深化改革。林崇德教授团队本着落实党的十八大提出的立德树人根本任务的使命，把德智体美全面发展的教育目标细化为学生应形成的必备品格和关键能力的具体要求，以最终促进学生的终身发展和社会的健康发展的原则出发，建立了关于学生培养与发展的核心素养体系框架：以"全面发展的人"为核心，包括自主发展、社会参与和文化基础三大方面和学会学习、健康生活、责任担当、实践创新、人文底

---

① 魏锐，刘坚，白新文，等．"21世纪核心素养5C模型"研究设计［J］．华东师范大学学报（教育科学版），2020（2）：20-28.

蕴、科学精神六大素养（具体包括十八项细目）（图2-1）。

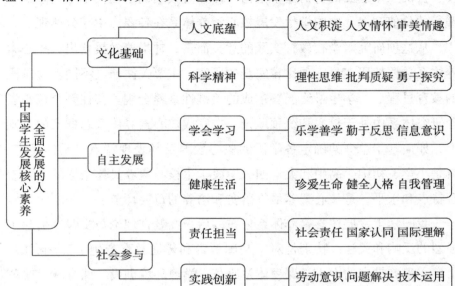

图2-1　中国学生发展核心素养

以马克思主义为指导，把中国特色社会主义核心价值观融入学生核心素养，是中国学生发展核心素养区别于其他国际组织和国家核心素养研究成果的根本标志。中国学生发展核心素养结构的中心是"全面发展"，从价值定位而言，中国学生发展核心素养的研制，是对社会主义核心价值观和党的教育方针中所确定的教育培养目标的具体化和细化，是连接宏观教育理念、培养目标与具体教育教学实践的中间环节。林崇德教授团队认为，社会主义核心价值观和党的教育方针可以通过核心素养这一桥梁，转化为教育教学可运用的、教育工作者易于理解的具体要求，进而贯彻到各个学段，体现到各个学科，最终落实到学生身上，明确学生应该具备的必备品格和关键能力，从中观层面深入回答"立什么德、树什么人"的根本问题，用于指导人才培养具体实践。例如，社会主义核心价值观作为社会主义核心价值体系的内核，把国家、社会、公民三个层面的价值要求融为一体，直接明确了当代学生应该自觉践行的价值观念，中国学生发展核心素养体系在各要点中充分体现。

从这项研究对学校教育实践的意义而言，林崇德教授指出，核心素养体系总框架研究是一项比较宏观的研究，主要关注通过不同教育阶段的教育过程后，学生最终能够达成的关键性素养全貌。其在整个核心素养研究体系中处于核心和统领地位。在完成核心素养体系总框架的基础上，如何基于总框架确定各学段的核心素养及其表现特点，具体而言，就是小学、初中、高中和大学四个学段学生核心素养具体指标的主要表现特点和水平，是核心素养最终落实和培养的重要环节。

我国学生发展核心素养体系公布以后，在教育理论与实践界引起了强烈的反响和关注。特别是对于基础教育和普通教育产生了深刻影响，由核心素养带来的中小学课程体系改革、学习环境创设、课堂教学改革等随即在全国教育实践领域推进。不仅如此，学生核心素养的概念也引发了关于教育核心素养、学科核心素养、课程核心素养等的研究。在高等教育领域，也开始引发一系列关于学生核心素养、学科核心素养或素养导向的课堂教学改革、综合领域改革等相关研究和实践。

第三节 核心素养指向的育人目标

教育通常被理解为"培养人的事业"，然而"教育是培养人的事业"这一命题只能在如此意义上得到解释，即教育是"人之为人"的事业——教育使人成为人应该具有的样子。它不能仅仅被理解为教育的现实性，而是教育的内在本质。① 为此，核心素养可以理解为一种关于未来社会所期许的人性设计，我们的教育目标是想让人成为具有这样素

① 高伟. 论"核心素养"的证成方式 [J]. 教育研究, 2017 (7): 4-13.

养的人，这是一种从"大教育观"的视域审视学校教育的宏大视野。

一、核心素养作为教育目标的哲学基础

（一）核心素养的提出源于"人的回归"

当人类社会进入 21 世纪之际，以信息化与人工智能为代表的时代信号成为横亘在传统教育之前的一道屏障，价值观多元、道德迷失、知识爆炸、知识自助获取与多重选择等多种问题摆在学校教育面前，人类必须思考，应该用什么新的理论引领学习和教育，这成为人类教育面临的时代性问题。从核心素养的提出源头来看，就是在这样的背景下，为解决这些具有时代性的教育实践问题而诞生的，因此，OCED 提出的概念"素养""核心素养"，也称为"21 世纪基本技能"。"素养是与人相伴的通过后天学习而形成的能力和品格。但有限的教育时间无法培养人的全部素养。通过对人的核心素养的遴选，实现'以少胜多'的效果。在每个人有限的学习时间里，发展其最为核心的素养，从而使其具有持续学习、生活发展、参与社会生产所需的必备品格和关键能力。而人生所需的其他素养的发展，则通过核心素养逐步撬动其发展。因此，核心素养是最必要、最关键的基础性素养，是超越知识、能力和态度的综合表现。"① 这是从现代教育的知识本位的教育哲学观出发，使教育回归到基于人本位的本体论的思考视角，是从作为学习者的人的自身角度出发思考教育问题，因而是教育哲学的本体性回归。

（二）教育的本体意义是发展人性中卓越的品质

美国教育家杜威认为，教育的意义在于"改变人性以形成那些异于朴质的人性的思维、情感、欲望、信仰的新方式"②，而所谓改变就是发掘人生的卓越品质使人性走向完整和完满，这就是教育的内在规定

---

① 杨志成. 核心素养的本质追问与实践探析［J］. 教育研究，2017（7）：14-20.
② 约翰·杜威. 人的问题［M］. 上海：上海人民出版社，1965：155.

性，只有在这个意义上，教育才是"教育自身"的目的。那么，"教育自身"何以可能？教育哲学家涂又光先生从教育本体论的角度解释了"教育自身"的全过程。他认为，从本质的意义上，"教育自身"的目的就是发展人性，人的思想、知识、情感、道德等都包含在人性之中而且处于一个动态的变化之中；人性的本质使教育既具可能性又具必要性，同时兼具发展性与可塑性，通过教育者有意识地对之施加影响与导引，包含于人性中的人的智力、道德、体能等得以发展和不断完善，这就实现了教育的过程。人的人性，包括知识、情感、意志，在智育、德育、体育等方面得到发展。在此，涂又光先生强调了"教育自身"这个概念在教育活动中的本体性与核心性，鲜明地提出了"一种教育"的重要论点。他特别指出："intellectually、morally and physically 这三个副词实际上说的是三个方面，而不是三种教育。教育只有一种，但是有三个方面。"① 这个卓越的教育思想论证了一种思想，即所有的教育活动，无论是德育、智育或是体育，其根本目的都是发展人性中的卓越品质，除此之外，再无别的教育目的或者作用，这就与现代教育中的"核心素养"的概念直接联系了起来。作为 21 世纪以来全球教育领域一个重要范畴提出来的"核心素养"正是直指人性发展中卓越人格的关键概念，这个概念指向了教育活动本质的一般性，而不是作为一种时代话语的短期效应。具体来说，只有指向形成学生核心素养的学习才是深度的学习，只有以学生核心素养为落脚点的教育才是目标有效达成的教育，也只有发展和形成学生个体人格的核心素养才是教育目标的根本诠释，它指向一种彻底的"大教育观"："把一个人在体力、智力、情绪、伦理各方面的因素综合起来，使他成为一个完善的人，这就是对教育目的的一个广义的界说。"②

---

① 罗海鸥，雷洪德. 涂又光研究［M］. 武汉：华中科技大学出版社，2016：75.
② 联合国教科文组织国际教育发展委员会. 学会生存：教育世界的今天和明天［R］. 北京：教育科学出版社，1996：195.

（三）核心素养是人的卓越本质的集中体现

"核心素养作为一个教育范畴被明确地提出来是晚近的事情，但核心素养作为一个人性范畴却由来已久。作为教育范畴，核心素养所回应的是时代问题，即 21 世纪人的形象问题。作为人性范畴，核心素养所关涉的其实是人应该具有的卓越品质问题，即人之为人的问题。后者显然已经不再是时代话语，而是指向了教育本质的一般性。"① 通过对世界各主要国家核心素养论述的考查不难发现，各种名为"21 世纪核心素养""关键素养""综合能力""共通能力"等称谓的核心素养框架均具有综合性、共通性的特点，所有这些核心素养框架所界定的 21 世纪人的形象，并非仅仅是人类存在的适应性品质，更是人性卓越的超越性品质，即人之为人应该具有的品格和能力。核心素养之所以是核心素养，本质上在于这些素养对于人的发展来说是"核心性"的、"关键性"的"高级素养"，因此也就是人的卓越品质。从现有核心素养框架来看，核心素养其实包含了领域素养和通用素养两个维度，这两个维度共同构成了人的现代性尺度，而通用素养在人的认识能力、个人成长和社会性发展等维度上，则是超越时代需求的教育之永恒追求。因而，所谓核心素养在其历史脉络中也就显示为人应该成为具有什么样的卓越品格和能力的人，即人之为人的内在规定性。也正是在这一意义上，21世纪核心素养并不仅仅属于 21 世纪，不仅仅是一种时代话语，它本身就是教育本质的现代话语，隶属于教育的本质，体现了教育的目标追求。

（四）核心素养框架系统表达了育人价值取向

核心素养与教育价值取向有着必然的内在联系。教育价值是教育作为客体对教育主体需要的满足。在教育实践中由于教育实践主体对教育客体的需求不同，表现出教育主体不同的教育价值选择和价值取向。但

---

① 高伟．论"核心素养"的证成方式［J］．教育研究，2017（7）：4-13.

无论教育价值取向如何，最终都要依靠教育对人的培养来实现。因此，教育的根本价值就是对人的发展价值。杨志成教授认为："人的价值可以分为'元价值''工具性价值''消费性价值'三个层次。生命价值是人的元价值，人的社会生产价值是工具性价值，人的社会生活价值是消费性价值。而教育价值的根本价值是教育的元价值（教育的个体性价值），教育的工具性价值是通过教育与价值的实现而间接实现的，而教育的消费性价值（教育的社会性价值）也是通过教育的元价值和工具性价值实现而实现的，教育的各种现象最终都可以归因到这样的三元价值分类体系中得到合理解释。"① 从中国学生发展核心素养的框架体系来看，其顶层设计与教育价值的分类逻辑是严密对应的：三大领域中，"自主发展"对应的是教育的元价值（个体性价值），"文化基础"对应的是教育的工具性价值，"社会参与"对应的是教育的消费性价值（社会性价值），三个领域相互协同、相互融合、相互促进。六大核心素养中，健康生活和学会学习是具有个体性、必须通过个体自主努力才能实现的素养；人文底蕴和科学精神则体现了人类当前对所积淀下来的工具性知识与能力的顶层分类体系，是每一个人应该具备的基础性和关键性的工具性素养；而责任担当和实践创新，这两者都要通过社会性参与实践来实现，具有社会性的素养属性，尤其是责任担当，这是对人所有社会性特质高度提炼的核心素养。因而，核心素养所倡导的育人价值取向与教育的三元价值体系具有严密的自洽性与吻合性。

二、核心素养与中国教育目标的转型

（一）核心素养具有使育人目标体系化、具体化、可评价的重要价值

核心素养的概念与育人目标联系起来，是育人目标推向体系化、层

① 杨志成. 核心素养的本质追问与实践探析［J］. 教育研究，2017（7）：14-20.

级化且可评价、可操作的重要步骤。崔允漷教授认为，"核心素养"不是一个种概念，而是一个类概念。它包括了知识、技能、能力、情感态度与价值观等。作为一个范畴体系，核心素养需要构建一个层级体系或框架来表征它的内涵，否则，核心素养就无法体现与实现。[①] 中外关于核心素养研究的目标框架均具有层级性的体系，这种层级性的体系或框架对于教育活动具有直接指向的现实意义，十分有利于教育目标在宏观、中观甚至微观的分级分层，使教育目标能够具有可操作性、可视性以及分解性，拉近了远大目标与实际工作的距离，既利于教师在课堂上开展教学，也利于对核心素养的培育结果进行评价。从培养目标实现的角度讲，核心素养更利于从课程与评价领域建构目标。核心素养作为课程与评价的概念，是教育目的与学习结果的重要中介。它既是教育目的的逻辑必然，也是课程与评价设计、实施的技术诉求。没有核心素养，教育目的将是一种抽象的理论构想、一种纯粹的美好愿望，既无法传播也无法实施，教育的理想就会成为空想；没有核心素养，课程与评价的设计、实施将会失去有目的的方向，同时也不能提供令人信服的证据等。因而，核心素养作为目标指向具有重要价值，不仅对于人才培养目标，而且为中观或微观层面的教育教学改革也可以提供重点更突出、焦点更集中的教育目标。

（二）核心素养体现了中国教育现代化人才目标

核心素养是个国际视域的教育概念，也是中国教育发展的重要概念，作为一个全球化的理念与目标理论范畴，核心素养可视为连接中国融入世界教育发展的一个重要媒介性桥梁，成为建立人类命运共同体的教育目标。"要跳出教育看核心素养，把核心素养放在中国社会变迁和社会转型的大背景下思考其必要性与可能性；把核心素养与国家现代化、人的现代化、全球化时代的国民性改造等重要话题贯通思考。不能

---

① 崔允漷. 追问"核心素养"［J］. 全球教育展望，2016（5）：3-10.

只从教育的视角看核心素养，要看到核心素养所具有的深刻的社会内涵与社会价值。"① 21 世纪以后，我国建设教育强国、推进教育现代进程进入了关键阶段，在新的国际国内背景下，提升国民素质、培养创新人才成为中国教育的重要使命，也是中国教育现代化的主旨性要求。而提升国民素质、培养创新人才，在本质上是人的现代化的问题，中国要建立真正的现代国家，实现真正的国家现代化，必须以人的现代化为基础，人才培养的现代化应该体现出新时代的要求，充分反映知识经济、信息化、全球化等对人的素质的要求。核心素养恰恰应对了这个需求，一方面反映了 21 世纪全球化时代中国国家现代化与人的现代化的"内在需要"，另一方面也突出了中国国家发展、国民素质、教育目标中存在的实际问题。例如，所有各国的核心素养框架都提出了培养未来人的"批判性思维""创造性与问题解决""审辩性思维"等，这是 21 世纪学生"创新能力"培养的重要指标，也体现了新的时代人才素质的一种理念。对于中国而言，这个关键性素养更是契合了国家的需要、教育的需要与人才发展的需要。从国家发展方面看，培养创新能力既是提升国家竞争力的需要，也是国家发展新理念的要求。同时，人才的创新能力不足已经成为制约中国核心竞争力的关键因素，党的十八届五中全会提出五个发展新理念，把"创新发展"排在首位。从教育事业的发展看，培养创新能力是实现中国教育目标转型升级的关键表现，是深化教育改革、提高教育质量的战略选择。创新能力培养具有强大的引领作用和关联效应，会拉动课程教材、教学方式、学习方式、管理方式的整体改革，会引发中国教育发展方式的系统变革。同时，从人的发展方面看，创新能力更是一种综合性、涵盖性很强的核心素养，可以涵盖批判性思维、自主性以及沟通能力等许多方面，是核心素养的最集中体现。因此，核心素养是 21 世纪人的现代化的具体表征，是 21 世纪面向中国

---

① 褚宏启. 核心素养的国际视野与中国立场 [J]. 教育研究，2016 (11)：8-18.

全体国民的关键素养要求。核心素养的目标框架，需要站在国际核心素养研究、实践与政策的制高点上进行顶层设计，体现时代性、前瞻性和国际视野的要求，这是从教育目标出发推进国家富强、民族复兴以及人的全面发展的重要基础。

（三）核心素养推动中国人才培养目标转型

高等教育人才培养目标是依据国家教育目的和大学教育的使命、体现经济社会发展变化对人才的要求、根据人才成长规律和教育教学规律而提出的关于大学生成长和发展的价值观以及知识、能力、素质结构等方面的目标、标准和要求。高校人才培养目标要反映国家教育目的的要求，反映社会经济发展的需要，也要体现大学的使命和追求。新时代我国的教育方针和教育目的是坚持"四个服务"基本方向，落实立德树人根本任务，培养德智体美劳全面发展的社会主义建设者和接班人。落实在具体的人才培养目标方面，要在立德树人根本任务的指引下，反映出中国建设社会主义现代化强国对于创新人才的强烈需求，反映出新的时代人类发展的价值观导向以及交流、合作、沟通与共有、共享等现代人素质。因而，在理论层面，核心素养的目标导向推动中国教育人才培养目标的转型发展。

综合分析中外关于核心素养目标要素的研究，从人类社会面向 21 世纪发展的共性需求出发，可梳理出高等教育人才培养中具有共通性的核心素养目标要素。有学者将之归结为"创新能力""批判性思维""公民素养""合作与交流能力""自主发展能力""信息素养"六大素养；[1] 也有学者将之归结为"批判性思维是基础、学习能力是关键、知识迁移和建构能力是重点、全球胜任力是价值观体现"的四大素养。[2] 这些核心素养目标应该作为中国 21 世纪现代人素养的清单，为国民素

---

① 褚宏启．核心素养的国际视野与中国立场 [J]．教育研究，2016（12）：8-18.

② 张应强，张洋磊．从科技发展新趋势看培养大学生核心素养 [J]．高等教育研究，2017（12）：73-80.

质提升、国民性改造指明基本方向，是中国学生亟待发展的重点素质，是深化素质教育的优先选项，为推进教育现代化确定了战略重点，为实现中国人才培养目标的转型提供了重要的指向目标。这个指向目标推动整个人才培养体系的改革和转型。

第一，在人才培养目标的理念上应以培养学生的学习能力和创新能力为核心。高等教育需要改变职业化的人才培养目标，向培养学生的学习能力、创新能力、批判性思维能力、全球胜任力转变。只有不断提升大学生的核心素养，变被动学为主动学，变机械接受知识为自我建构和创新知识，才能在知识生产模式、形态和载体快速变革的时代成为引领者，而不是适应者。

第二，在人才培养目标的价值取向上要体现大学知识属性与道德建设内在的统一性。大学是追求理性的机构，知识属性是其贯穿始终的核心纽带，"高深的知识"处于任何高等教育系统的核心。但同时，大学也是崇尚德行的机构，中国大学作为中国特色社会主义大学，尤其强调其在构筑"德育共同体"方面的意义，这与其"知识共同体"的自然属性具有内在的统一性。核心素养所指的卓越人格，从根本上包含"立德"与"树人"的内在统一，以"立德"的优先性确保"树人"的正当性，突出"立德"对"树人"的价值限定、过程管理和方向引领作用，才能有效契合时代发展对健全人格和全面素质的要求。

第三，在人才培养目标导向的教育教学改革方面，要从确定性知识授受向提升知识创新能力转变，推进以学生核心素养养成的深度学习。核心素养的内涵本质提示了"素养"之于"知识"的超越。素养不是知识，但素养超越知识，知识的积累并不必然带来素养的养成与发展，但素养的基础性、本体性与核心性，使知识可以生根、迁移、转化、发展。信息时代的到来，只有将固化的、积累的知识转化为汲取知识的学习能力，知识学习的过程才能变成素养形成与发展的过程，这将是作为个体发展知识的源头活水。因而，以素养为导向的教育目标是超越知识本身的，只有发展学生的创新性思维和知识建构能力，才能使学生在不断变革的知识、科技和社会中以不变应万变。为此，需要转变传统的学习方式，倡导深度学习与协作学习，促进学生学习能力、思维能力与相互协作的素养养成。

第三章

大学生核心素养的实证研究

育人是高等学校的中心任务，育人的过程始终是围绕学生、关照学生、服务学生进行的。建构素养导向的育人目标，重要的参考和依托是学生的核心素养目标结构。因而，立足今天、面向未来，高等学校培养的人才应该具有什么样的核心素养，应该是高等教育最为关注的问题。本研究在中外国际组织以及高等学校对大学生核心素养研究的基础上，针对我国普通高等学校的现实状况，对我国高校大学生核心素养目标进行实证研究。研究想探讨的问题是：大学生核心素养包含哪些因素，目标框架是什么；当下大学生的核心素养状况如何，缺失哪些主要因素等。这是推进高等学校建构素养视域下的育人目标必须解决的问题。

第一节　大学生核心素养目标构建

以"立德树人"为核心使命和根本标准的中国特色社会主义教育具有深刻的理论内涵和丰富的教育实践，体现在高等学校的中心任务是以"培养什么样的人"为目标引领的人才培养目标探索以及由此推动的教育教学改革，最终目的是促进学生的全面发展。大学生核心素养是高校确立人才培养方案、推进教育教学改革的一个重要依据，为此，在中外关于核心素养的宏观理论研究的指导下，结合高等学校的实际

（状况）构筑大学生核心素养目标框架，并依据量表对大学生的状况进行实证调查，研究这个命题的基本思路，研究拟解决两个问题：一是大学生核心素养的理论框架，二是大学生核心素养的现状和问题。

一、理论依据

设计大学生核心素养的标准框架，在指导思想上的基本依据：一是遵循高等教育立德树人的根本标准，按照中国教育培养德智体美劳全面发展的劳动者和接班人的要求，融入社会主义核心价值观的思想，来设计人才培养的目标框架；二是依据高等学校人才培养规律，遵循青年人格养成与发展的规律，坚持政治性与科学性的结合与统筹，来挖掘青年学生发展中的核心素养；三是基于未来社会发展对高校人才的基本需求，坚持对人才培养要求赋予时代性、社会性和理想性的目标期待。其理论思想基础来源基于以下几个方面。

（一）21 世纪学生核心素养相关研究

核心素养是一个全球性的教育概念，中外对 21 世纪培养人才所应具备的核心素养的研究是对整个未来社会教育指导的一个重要理论思想。梳理世界各国关于培养未来人才的必备能力或关键素养，诸如OECD 核心素养框架、欧盟素养框架、美国 21 世纪核心素养框架以及中美合作推出的 21 世纪核心素养"5C 模型"等，都对学生的认知、学习、交往与理解等方面的特性做了系统的核心性概括，对于研究大学生学习发展具有重要的指导意义。如"5C 模型"关于文化理解与传承（Culture Competency）、审辩思维（Critical Thinking）、创新（Creativity）、沟通（Communication）、合作（Collaboration）的五个核心要素，是对人类社会具有广泛普适意义的未来人才培养核心素养的良好概括。而《中国学生发展核心素养》的推出与发布，更结合中国本土问题，以落实立德树人根本任务、系统落实党的教育方针为基本出发点，以"全面发展的人"为核心,通过自主发展、社会参与和文化基础三大方面和学会学习、健康生活、责任担当、实践创新、人文底蕴、科学精神六大素养(具体包括十八项细目)的目标框架,系统梳理了人才培养目标的具体要求,因而针对中国教育的现实更具有参考价值,对于我国各个阶段的教育目标有着普适的意义,也是我们研究大学生核心素养在指导思想与理论依据的重要参考指标。

　　(二)关于大学生学习的相关研究成果

　　人才培养的教育规律强调学生成长的年龄阶段、生理基础与心理特征是教育的基本条件,对于学生的学习发展,相关的教育心理学研究有着丰富的成果。其中,在知识的生成与理解并形成学生个体素养的认识方面,建构主义学习理论给了研究以重要的启示。建构主义心理学告诉我们,人类是以主观建构的方式来反映世界的,在学生成长的过程中,教师只能在学生个体建构世界的过程中起到引导和辅助的作用,学生不是简单被动地接收信息,而是主动地建构自己的知识结构,这是教育"以学生为中心"最根本的缘由所在。建构主义学习理论强调,任何知识在为个体接收之前,对个体来说是没有什么意义的,也无权威性可言。因为世界是客观存在的,但是对于世界的理解和赋予意义却是由每个人自己决定的。每个人都是以自己的经验为基础来建构现实,由于每个人的经验以及对经验的信念不同,于是人们对外部世界的理解便也迥异。所以,学习不是由教师把知识简单地传递给学生,而是由学生自己建构知识的过程,只有学习者基于自己的经验背景建构起知识世界,才可能获得对知识的真正理解,这种建构是无法由他人来代替的。认知心理学还进一步从脑神经发育及个体心理发展的特征方面对大学生学习提供了心理依据。比如,皮亚杰关于人在生长过程中"图式、同化、顺应和平衡"的认知结构理论为学习能力形成的关键期提供了理论根据。皮亚杰认为,在大学本科教育的18岁到22岁这个阶段,人的主要发展任务是发展抽象思维能力,这是大学生科学思维的发展及人格形成的心理学依据，已经在相应的脑神经科学中得到了印证。"在认知模型构建过程中，大脑会发展出相应的神经环路，以支持认知模型建构。也就是说，认知心理过程和认知神经生理过程是相伴相生的。如果认知心理过程完成了，认知神经生理过程也就随之完成了。如果学生在学习中没有建起相应的专业认知模型，他的大脑也就不会得到相应的发展。从这个意义上讲，教学过程是改变学生大脑的过程。"① 基于对人的学习过程的心理建构的研究，美国教育学家布鲁姆的教育目标分布法把学习按认知水平排序为六个类别，有"记住、理解、应用、分析、评价、创造"，后四种称之为"高阶学习"，而这正是大学教育阶段应致力发展的学生的学习能力。根据有关大学生学习的相关研究，当下我国大学生普遍存在高阶学习能力不足的问题。以上关于大学生学习的心理学与教育学的相关理论研究为我们从学生个体角度和学校教育角度设计大学生核心素养标准框架提供了科学依据。

（三）美国关于学生发展的相关理论

美国高等教育在关注学生个体发展以及学生学习方面做出了很多深刻的研究，有些领域在世界高等教育领域居于超前地位。比如，著名的学生发展原理与模型（Developmental Theories and Models）关注大学教育中学生的自我认同、道德发展和认知发展；大学生学习响力模型（College Impact Model）集中研究学生学习变化的因素和根源，如不同学校的特征、专业、服务、学习经历、师生相处等方面的影响。而汀托（Tinto）提出的社会学术融合理论（Social and Academic Integration）则给予我们思考学生核心素养框架的维度以深刻启示。② 汀托作为社会心理学专家，专注研究大学阶段学生发展的显著特征，他认为，学校有学

---

① 赵炬明，高筱卉. 关于实施"以学生为中心"的本科教学改革的思考［J］. 中国高教研究，2017（8）：36-40.

② 龙琪，倪娟. 美国大学生学习影响力模型述评［J］. 复旦教育论坛，2015（5）：47-54.

术（Academic System）和社交（Social System）两大系统。学生带着自己的特质、技能、目标和愿景进入大学后，一边学习，一边与同学和老师交往，在这个过程中不断学习形成一定的规范，也在两大系统的融合中不断改变着他们之前的目标和愿景。在学术系统中，教师和学生围绕学业展开正式和非正式的交往与融合，在社交系统中，学生和同伴在各种课外活动中也进行着正式和非正式的交往与融合，两个系统相互影响和转化，整个大学生活的本质就是学术整合与社会整合两个相互独立又相互补充的过程。在这个过程中，积极正向的融合使他们在两大系统中找到了自我、实现了自我，而消极负面的融合则使他们不合群或者感到被孤立，这是导致大学生退学或学习生活失败的主要原因。因而，大学教育的关键需要强调作为知识人特征及社会人特征的知识技能与价值塑造在学生发展中的融合与表现，把学术性发展目标和社会化发展目标作为大学生发展的重要内容。这个理论思想为我们在考查大学生发展的人格结构与智力结构的维度方面提供了重要参考依据。

（四）中国大学校长关于大学生核心素养的描述图谱

大学校长在高等教育领域是一个重要的特殊群体。我国对于大学校长有着"政治家"与"教育家"的素质要求，在开放办学的时代，作为高等学校的掌门人，大学校长的教育理念与办学思想直接影响着大学人才培养的方向、路径与特质。近十多年来，大学新生开学典礼或毕业典礼的校长致辞成为一个著名的大学文化现象，在社会上产生广泛影响而备受各界关注。在某种程度上，大学校长们的典礼致辞也是中国大学教育思想、办学理念、办学模式的一个特殊途径的表达。因而，校长们在开学寄语中对于大学生能力发展与素质要求的描述与期待应该说代表了一定时期我国大学生人才素质的目标方向，对于高等教育人才培养的目标方向具有重要的研究价值。有学者对此做了专题研究，以大学生核心素养为目标基点，在综合考量高校的层次、类型、所在区域等因素的基础上，从近年的大学校长开学典礼致辞中遴选出 50 篇作为主要研究文献进行文本分析。研究路径按照"扎根研究法"的思路，对校长就学生培养的核心素养目标的关键描述点进行词频梳理，从中建立了"三大方面—六大素养—十八个基本要点—三十九个关键描述点"的四级分析框架，构建出当代大学生核心素养的图谱，并进一步梳理归结为三个层级的核心素养要素框架，如表 3-1。① 这个研究成果是来自当代中国大学的实证素材，十分切合我国高校的现实情况，因而对于研究大学生核心素养框架具有重要的参考价值。

表 3-1 大学校长开学典礼寄语的核心素养三级框架

三大方面	六大素养	十八个基本要点
文化基础	人文底蕴	人文积淀、人文情怀、审美情趣
	科学精神	理性思维、批判质疑、勇于探究
自主发展	学会学习	乐善好学、勤于反思、信息意识
	健康生活	珍爱生命、健全人格、自我管理
社会参与	责任担当	社会责任、国家认同、国际理解
	实践创新	劳动意识、问题解决、技术应用

二、目标框架

基于以上理论依据，本研究研制了大学生核心素养目标框架的研究问卷，并通过样本问卷的发放、筛选和技术处理，最后从理论上拟定了包括文化素质、学习能力、思维发展、健康生活、社会交往、价值取向在内的六个维度的大学生核心素养目标框架，具体表现为"认识能力与人文底蕴、知识结构与学会学习、科学精神与理性思维、心理健康与健康生活、人性发展与人际关系、责任担当与价值倾向"，展示了学生在人与社会、人与自然、人与他人以及自我认知的各个层面的素养

---

① 王为民，赵国祥. 当代中国大学生核心素养的基本内涵：基于普通本科院校开学典礼寄语文本分析［J］. 大学教育科学，2018（4）：18-26.

内涵。

　　在大学生核心素养目标框架的研制方面，基于几个基本的认识和界定：其一，大学生核心素养指的是全体学生在大学教育目标中的共同素养和关键性素养，并非指向专业素养；其二，大学生核心素养的内涵为知识、态度、能力的综合体现；其三，大学生核心素养更关注大学生综合素质形成过程中的教育价值。大学生核心素养的理论目标框架见表3-2。

表 3-2　大学生核心素养目标框架

六个维度	核心素养	基本内涵	关系范畴
文化素质	认识能力与人文底蕴	认识世界、人文积淀、审美情趣	人与自然
学习能力	知识结构与学会学习	乐善好学、学习能力、信息能力	自我认知
思维发展	科学精神与理性思维	探究精神、理性思维、批判思维	自我认知
健康生活	心理健康与健康生活	珍爱生命、健全人格、自我管理	自我认知
社会交往	个性发展与人际关系	意志品质、沟通能力、团队意识	人与人
价值取向	责任担当与价值倾向	国家认同、社会责任、道德准则	人与社会

第二节　大学生核心素养的实证调查

一、研究设计

　　根据以上大学生核心素养目标框架，研究选取部分普通高等学校（主要为"双一流"建设高校）的若干大学生样本，运用调查问卷的方法对大学生的实际情况进行摸底、测试和分析。测试的目标主要有两个方面：一是用科学的方法验证本研究设计的大学生核心素养理论目标框架的科学性与有效性；二是以此目标框架为量表，采用问卷调查的方法对样本大学生的实际状况进行调查，试图发现当代大学生核心素养的基本状况，并从中发现问题，为进一步的教育改进提供参考。

（一）研究假设

第一，大学生核心素养理论目标框架能够基本反映大学生发展的共性核心要素。第二，大学生核心素养结构的各要素具有内在统一性和关联性。第三，大学教育对学生核心素养具有发展性价值。

（二）问卷研制

问卷分为两个部分，第一部分是学生背景信息调查，包含学校类别、学生性别、学科、年级、学习经历、未来目标选择等资料信息；第二部分是问卷主体，内容涵盖以上大学生核心素养标准框架的六个维度，共36道客观选择题，题目设计采用李克特式量表，根据学生对各个题项的认知程度分为"完全不符合""基本不符合""不确定""基本符合""完全符合"5个等级，依次赋分1~5分。

问卷题目设计的思路是从六个维度出发，分别考查学生三个方面的问题：其一，围绕知识结构与学习能力，由学习的认识论、方法论到学习的价值观，考查学生的认知能力、文化素养、科学精神与理性思维等方面情况；其二，围绕生活健康与社会交往，通过学生的生活观念、心理健康、人际交往、团队合作等品质考查学生在现代社会的人格品质与发展能力；其三，围绕态度与价值观，从信念、态度、国家认同与个体选择，考查学生的价值观体系、道德准则与社会责任。六个维度分别由6个题目组成，在问题设计上具有前后呼应的关系，并在设问方式上注意避免暗示性引导，建立包含人的自我认知、人与人、人与自然、人与社会等关系范畴的学生核心素养问题框架。

（三）研究样本

调查采用问卷星软件进行网络问卷，对5所全国"双一流"建设高校和普通高校本科学生随机抽样，调查在2019年5~7月进行，共回收有效问卷5331份。样本基本情况如表3-3。

表3-3 调查样本基本情况

项目	类别	本科生数	百分比（%）	项目	类别	本科生数	百分比（%）
性别	男	3300	61.90	毕业选择	就业创业	974	18.27
	女	2031	38.10		继续深造	4166	78.15
院校类型	双一流	4749	89.08		其他	191	3.58
	非双一流	582	10.92	就读年级	大一	2664	49.97
学科类别	工科	3454	64.79		大二	1498	28.10
	理科	490	9.19		大三	874	16.39
	文史	565	10.60		大四	295	5.53
	经管	720	13.51				
	其他	102	1.91				
合计		5331（人数）				100（百分比）	

（四）研究工具

问卷采用 SPSS 25.0 进行数据分析。在方法上，选取 200 份左右的样本问卷进行测试分析并筛选修正。筛选修正后的问卷在研究信度方面，整个问卷的 α 系数在 0.900 以上，内部一致性很高；在效度方面，问卷的 KMO 值为 0.952，显著性概率值 $P = 0.000 < 0.05$，累计方差贡献率达 59.002%，非常适合做因子分析。研究采用主成分分析方法抽取因子，将特征值大于 1 作为选择因素的标准并进行最大正交旋转，同时参照碎石图确定项目抽取因子的有效数目，最终确定为 6 个维度因子：认识能力与人文底蕴、知识结构与学会学习、科学精神与理性思维、心理健康与健康生活、个性发展与人际关系、责任担当与价值倾向。每道题目在相应因子上的负荷处于 0.492~0.801 之间，筛选后的问卷整体信度达 0.902，证明问卷可靠有效。

二、实证调查结果的统计分析

（一）大学生核心素养总体状况的描述性分析

分析问卷数据发现，大学生核心素养标准框架的 6 个维度因子中，维度 1 学生的认识能力与人文底蕴水平最高（均值 4.351），其次为维度 6 责任担当与价值倾向（均值 4.171）与维度 3 科学精神与理性思维（均值 4.051）的水平较高；而维度 2 知识结构与学会学习（均值 3.338）、维度 4 心理健康与健康生活（均值 3.380）、维度 5 个性发展与人际关系（均值 3.986）的水平较低，其中，维度 2 知识结构与学会学习（均值 3.338）的水平最低，心理健康与健康生活次之。表 3-4 显示了 6 个维度学生测试的具体得分情况。

表 3-4　大学生核心素养 6 个维度均值状态

项目	测试内容	标准差	中位数	均值数
维度 1	认识能力与人文底蕴	0.671	4.500	4.351
维度 2	知识结构与学会学习	0.531	3.333	3.338
维度 3	科学精神与理性思维	0.612	4.000	4.051
维度 4	心理健康与健康生活	0.529	3.333	3.380
维度 5	个性发展与人际关系	0.675	4.000	3.986
维度 6	责任担当与价值倾向	0.693	4.200	4.171

从维度 1 "认识能力与人文底蕴"方面看，学生普遍得分较高，表现出新生代大学生在人文意识和对世界认知、认同方面普遍具有较高水平。其中 91.33%~91.47% 的学生具有以人为本的意识，高度关切人的生存与发展，维护人的尊严与价值；86.59%~93.90% 的学生可以掌握人文思想中所蕴含的认识方法和实践方法。

从维度 2 "知识结构与学会学习"方面看，学生的知识体系及学习能力尚不能达到令人满意的水平。特别是在学生的学习兴趣、求知欲望、主动学习方面情况不是十分乐观；在学习遭遇瓶颈时，只有60.57%的同学善于利用所学的知识，切合自身实际调整策略进行学习；而学生的信息获取能力也是值得关注的问题，特别是在数字化生存能力、主动适应"互联网+"等社会信息化发展趋势方面，仅有38.60%的学生表现出色，大部分学生不能熟练运用中国期刊网、Elsevier、Springer等学术渠道获取学习资源。

从维度3"科学精神与理性思维"方面看，学生对科学精神与理性思维认同度较高，有90.15%～92.44%的学生认为应该从多角度辩证思考来认知事物，同时会依靠独立思考方式去解决问题；有74.68%～79.37%的学生注重尊重事实和证据，喜欢通过多次思考、多次实践后得出结论。

维度4学生的"心理健康与健康生活"得分普遍偏低，显示心理健康已成为大学生活的一个严重问题。有34.89%～41.47%的学生经常会被不良情绪困扰，有41.48%的学生对未来的生活与学习感到迷茫；在长远的人生目标规划方面，有56.45%的学生认为，即便有再多外界因素干扰，其人生规划也终将实现；但也有37.27%的学生选择了"不确定"。通过重点访谈发现，学生生活方式不健康的情况比较普遍。这与学生在升入大学之后缺乏有效的自我约束有着密切联系。另外，较多学生对于未来的规划不甚明确，呈现出"走一步看一步""随波逐流"的生活方式。

从维度5"个性发展与人际关系"方面看，学生普遍情况良好，大多同学认可同学关系和谐的重要性以及在团体生活学习中个人的发展与进步。70.96%～75.05%的学生有信心胜任学生组织领导职务，并在团队活动中与大家相处融洽，他们认为，团队学习更能促进个人进步，同时也令他们获得了多方面的发展。

维度6"责任担当与价值倾向"的各题目均值都很高。92.65%的学生认为待人诚信、坚守良知、尊重法律是立人之本；84.17%的学生想要读书成长成人，然后回报社会；84.21%的学生认为大学生必须具有远大的理想抱负，70.53%的学生能够经常思考国家的发展与未来的进步问题；另外，还有75.8%的学生还会关心时事，及时了解人类文明进程与世界发展动态。

（二）大学生核心素养调查结果的差异性分析

研究根据问卷中第一部分的"学生信息"情况，选取不同条件、不同背景的学生样本，运用独立样本 T 检验及单因素方差分析的方法进行了差异性分析，结果如下。

1. 性别差异。运用独立样本 T 检验分析方法比较不同性别大学生核心素养的差异，发现男、女生对于维度 5 个性发展与人际关系、维度 6 责任担当与价值倾向均表现出一致性，并没有差异性。但是，在维度 1 认识能力与人文底蕴、维度 2 知识结构与学会学习、维度 3 科学精神与理性思维、维度 4 心理健康与健康生活方面，男女学生呈现出显著性差异（Sig<0.05）。如表3-5。

表3-5　学生性别差异 T 检验分析

	性别（平均值±标准差）		t	p
	1.0（N=3300）	2.0（N=2031）		
维度 1	4.31±0.70	4.43±0.61	−6.614	0.000**
维度 2	3.43±0.56	3.32±0.47	7.349	0.000**
维度 3	4.08±0.64	4.00±0.57	5.094	0.000**
维度 4	3.41±0.56	3.34±0.46	4.703	0.000**
维度 5	4.00±0.70	3.96±0.63	1.945	0.052
维度 6	4.16±0.72	4.18±0.65	−1.123	0.262

* $p<0.05$；** $p<0.01$

2. 年级差异。运用方差分析研究年级差异，显示在维度 6 责任担当与价值倾向方面，年级差别并不表现出显著性（Sig>0.05）。但是，学生年级差别对于维度 5 个性发展与人际关系、维度 3 科学精神与理性思维、维度 2 知识结构与学会学习、维度 1 认识能力与人文底蕴、维度 4 心理健康与健康生活 5 项均呈现出显著性（Sig<0.05）差异。如在个性发展与人际关系中，随着年级的增长，大一至大四的得分逐渐增强；在知识结构与学会学习方面，大四学生最为满意（4.10±0.70），大一学生次之（4.02±0.67），大二和大三学生最不满意（3.97±0.65，3.89±0.71）。如表 3-6。这个结果也是大学教育价值的显著体现，证明了大学教育对于学生核心素养的培育和发展具有积极的促进作用。

表 3-6　学生就读年级的方差分析

	年级（平均值±标准差）				F	p
	1.0（N=2664）	2.0（N=1498）	3.0（N=874）	4.0（N=295）		
维度 1	4.19±0.70	4.17±0.67	4.12±0.72	4.20±0.74	2.117	0.096
维度 2	4.02±0.67	3.97±0.65	3.89±0.71	4.10±0.70	11.228	0.000**
维度 3	3.39±0.53	3.39±0.51	3.38±0.55	3.28±0.54	3.689	0.011*
维度 4	4.06±0.62	4.04±0.58	4.01±0.64	4.12±0.63	3.392	0.017*
维度 5	3.36±0.54	3.38±0.50	3.42±0.53	3.52±0.53	8.767	0.000**
维度 6	4.36±0.67	4.36±0.64	4.28±0.72	4.41±0.68	4.157	0.006**

$*p<0.05$；$**p<0.01$

3. 学科类别差异。学科类别显示：在维度 1 认识能力与人文底蕴、维度 6 责任担当与价值倾向方面学生的学科差别具有显著性（Sig<0.05）差异。在认识能力与人文底蕴方面，文史类和经管类学生的核心素养分数（4.46±0.62、4.41±0.65）明显高于工科类和理科类学生（4.33±0.67、4.29±0.71）；而在责任担当与价值倾向方面，理科类学生的核心素养分数（4.07±0.75）低于其他专业类别的学生。如表 3-7。

这些差异，可能与不同学科学生的思维方向或培养方式相关。

表 3-7 学生学科类别的方差分析

	学科类别（平均值±标准差）					F	p
	1.0 （N=3454）	2.0 （N=490）	3.0 （N=565）	4.0 （N=720）	5.0 （N=102）		
维度1	4.33±0.67	4.29±0.72	4.46±0.62	4.41±0.65	4.37±0.71	7.128	0.000**
维度2	3.39±0.54	3.41±0.59	3.40±0.49	3.36±0.49	3.42±0.60	0.785	0.535
维度3	4.06±0.62	4.03±0.65	4.01±0.58	4.06±0.55	4.02±0.75	1.194	0.311
维度4	3.38±0.53	3.42±0.60	3.38±0.51	3.37±0.48	3.32±0.60	1.127	0.342
维度5	3.98±0.68	4.00±0.71	3.95±0.63	4.02±0.64	3.98±0.84	0.755	0.554
维度6	4.16±0.69	4.07±0.75	4.21±0.67	4.24±0.65	4.17±0.82	4.873	0.001**

* $p<0.05$；** $p<0.01$

4. 毕业选择差异。表 3-8 显示学生关于未来发展的选择在维度 1、3、4、5、6 都具有显著性差异（$Sig<0.05$），而在维度 2 知识结构与学会学习方面没有显著差异性。未来选择继续深造的学生在维度 1 认识能力与人文底蕴（4.40±0.63）、维度 3 科学精神与理性思维（4.08±0.57）等方面明显优于选择就业、创业的学生（4.23±0.74、3.79±0.92）。调查样本中，有一个值得关注的现象，即有 78.15% 的学生选择毕业后要继续深造，这是现代社会中学生对个人发展向高层位学习认同与期待的一个突出表现。研究发现，选择继续深造的学生大多对未来发展有着明确的目标，可以更加正确地认识与评估自我，可以合理分配时间与精力，具有达成目标的持续行动力。

表3-8 学生毕业选择的方差分析

	毕业首选（平均值±标准差）			F	p
	1.0（N=974）	2.0（N=4166）	3.0（N=191）		
维度1	4.23±0.74	4.40±0.63	4.03±0.95	48.180	0.000**
维度2	3.37±0.62	3.39±0.50	3.35±0.74	1.428	0.240
维度3	3.96±0.69	4.08±0.57	3.79±0.92	35.540	0.000**
维度4	3.42±0.60	3.37±0.50	3.36±0.74	3.956	0.019*
维度5	3.92±0.72	4.01±0.65	3.73±0.93	22.059	0.000**
维度6	4.01±0.76	4.22±0.66	3.86±0.93	56.695	0.000**

* $p<0.05$；** $p<0.01$

5. 学校类型差异。从整体来看，"双一流"建设高校学生的核心素养分值普遍高于非"双一流"建设高校的学生，特别是在维度1认识能力与人文底蕴、维度2知识结构与学会学习方面，"双一流"建设高校的学生核心素养分数显著高于非"双一流"建设高校的学生；但在维度4心理健康与健康生活、维度5个性发展与人际关系、维度6责任担当与价值倾向方面，"双一流"高效与普通高校均无明显差异，不具有充分解释力。

（三）大学生核心素养影响因素的多元回归分析

本研究的一个主要目标即通过大学生核心素养标准框架的研究，来探寻这个框架结构的各维度、各因素之间是否存在相关关系。如学生的认知体系是否与其价值体系、情感态度有关？如果说它们之间存在互相影响的关系，那么，这些影响因素是如何作用的？为此，研究采取相关分析法和多层回归分析法对各维度之间的关系进行测试分析。

1. 大学生核心素养6个维度的相关分析。研究利用相关分析法研究各维度之间相关关系，使用Pearson相关系数去表示相关关系的强弱情况，结果发现：维度 6 与维度 5、维度 4、维度 3、维度 2、维度 1 之间均呈现显著性，相关系数值分别是 0.643，0.271，0.609，0.395，0.561，并且相关系数值均大于 0，它们具有正相关关系。如表 3-9。

表 3-9　各维度 Pearson 相关—标准格式

	平均值	标准差	维度 6	维度 5	维度 4	维度 3	维度 2	维度 1
维度 6	4.136	0.703	1					
维度 5	3.961	0.688	0.643 **	1				
维度 4	3.358	0.528	0.271 **	0.314 **	1			
维度 3	4.056	0.615	0.609 **	0.608 **	0.315 **	1		
维度 2	3.395	0.515	0.395 **	0.407 **	0.459 **	0.500 **	1	
维度 1	4.315	0.667	0.561 **	0.531 **	0.216 **	0.591 **	0.431 **	1

* $p<0.05$；** $p<0.01$

2. 大学生核心素养的认知维度与价值维度影响因素的多层回归分析。关于学生知识结构与学习能力的影响因素分析。以维度 2 知识结构与学会学习作为因变量，其他维度作为自变量，采用多层回归方法构建多元线性回归模型，探测学生学习能力的影响因素。回归分析结果显示：维度 5 个性发展与人际关系对于解释知识结构与学会学习之间不构成显著作用（0.047），为此，不单独对其进行讨论。整理剩余变量关系，求得回归方程为：$Y = 0.528 + 0.124 * A + 0.210 * B + 0.300 * C + 0.067 * D$。结果发现：在学生知识结构与学习能力的形成中，维度 4 心理健康与健康生活的影响最为显著，其次为维度 3 科学精神与理性精神，最后是维度 1 认识能力与人文底蕴及维度 6 责任担当与价值倾向。如表 3-10。

表 3-10　学生认知结构与学习能力影响因素的回归分析

		分层回归分析结果							
		分层 1		分层 2		分层 3		分层 4	
		B	标准差	B	标准差	B	标准差	B	标准差
常数		1.572**	0.044	0.971**	0.05	0.744**	0.049	0.788**	0.05
维度 4	Q19	0.142**	0.008	0.073**	0.007	0.043**	0.007	0.040**	0.007
	Q20	0.063**	0.007	0.060**	0.006	0.067**	0.006	0.067**	0.006
	Q21	0.090**	0.008	0.046**	0.007	0.038**	0.007	0.040**	0.007
	Q22	0.047**	0.007	0.050**	0.007	0.051**	0.006	0.051**	0.006
	Q23	0.044**	0.007	0.044**	0.006	0.043**	0.006	0.043**	0.006
	Q24	0.131**	0.009	0.071**	0.008	0.046**	0.008	0.045**	0.008
维度 3	Q13			0.157**	0.009	0.102**	0.009	0.099**	0.009
	Q14			0.046**	0.008	0.034**	0.008	0.035**	0.008
	Q15			0.018	0.01	0.005	0.01	0.005	0.01
	Q16			0.017	0.012	−0.014	0.011	−0.003	0.011
	Q17			0.002	0.013	−0.008	0.012	−0.002	0.012
	Q18			0.076**	0.009	0.049**	0.008	0.045**	0.008
维度 1	Q1					0.021**	0.008	0.021**	0.008
	Q2					−0.005	0.01	0.001	0.011
	Q3					−0.011	0.012	−0.005	0.012
	Q4					−0.022*	0.01	−0.018	0.01
	Q5					0.007	0.01	0.01	0.01
	Q6					0.079**	0.008	0.074**	0.008
维度 6	Q30					0.189**	0.01	0.184**	0.01
	Q31							−0.054**	0.01
	Q32							−0.003	0.009
	Q33							0.013	0.009
	Q34							0.007	0.011
	Q35							0.013	0.009

分层回归分析结果							
	分层 1		分层 2		分层 3		分层 4	
	B	标准差	B	标准差	B	标准差	B	标准差
R^2	0.274		0.381		0.475		0.48	
调整 R^2	0.274		0.379		0.473		0.477	
F 值	298.936（0.000 **）		242.923（0.000 **）		225.580（0.000 **）		181.365（0.000 **）	
ΔR^2	0.274		0.107		0.094		0.004	
ΔF 值	298.936（0.000 **）		135.890（0.000 **）		121.610（0.000 **）		7.478（0.000 **）	
因变量（Y）：知识结构与学会学习							

* $p<0.05$；** $p<0.01$

表 3-10 显示，本分层回归分析共涉及 4 个模型。模型 R 平方值为 0.274，意味着维度 4 心理健康与健康生活可以解释知识结构与学会学习的 27.4%变化原因；对模型进行 F 检验时发现模型通过 F 检验（F=298.936，Sig<0.05），获得模型公式：

知识结构与学会学习 = 1.572+0.142 * Q19+0.063 * Q20+0.090 * Q21+0.047 * Q22+0.044 * Q23+0.131 * Q24。

"我拥有健康的生活方式，并会有规律地锻炼身体"的回归系数值为 0.142，并且呈现显著性（t=18.753，P=0.000<0.01），意味着 Q19 会对知识结构与学会学习产生显著的正向影响关系。这说明，拥有健康的生活方式，有利于提升知识结构与学会学习的核心素养分数。Q20~Q24 的回归系数值范围在 0.044~0.063，拥有显著的正向影响（Sig<0.05）。分析可知，心理健康与健康生活维度整体对于知识结构与学会学习有显著的正向影响。

另外，维度 3 科学精神与理性思维、维度 1 认识能力与人文底蕴对学生的知识结构与学会学习都呈正向影响关系；而维度 6 责任担当与价值倾向对学生的知识结构与学会学习的影响最小，解释力度只在 0.4%。

关于学生责任担当与价值取向的影响因素分析。以维度 6 责任担当与价值倾向作为因变量，其他维度作为自变量，采用多层回归方法构建多元线性回归模型，探测影响学生责任与价值体系的影响因素。回归分析结果显示：维度 2 知识结构与学会学习对于因变量没有显著性的影响，故予以删除。重新整理变量关系后，求得回归方程为：$Y = 0.478 + 0.392 * E + 0.029 * D + 0.277 * C - 0.008 * B + 0.216 * A$。

从中发现：各变量之中，维度 5 个性发展与人际关系的影响最为显著，然后依次为维度 3 科学精神与理性思维、维度 1 认识能力与人文底蕴，最后是维度 4 心理健康与健康生活。如表 3-11。

表 3-11　学生责任担当与价值倾向影响因素的回归分析

分层回归分析结果								
		分层 1		分层 2		分层 3		分层 4	
		B	标准误	B	标准误	B	标准误	B	标准误
常数		1.579 **	0.045	0.787 **	0.05	0.523 **	0.053	0.520 **	0.059
维度5	Q25	0.156 **	0.011	0.084 **	0.01	0.065 **	0.01	0.063 **	0.01
	Q26	0.145 **	0.009	0.107 **	0.009	0.100 **	0.009	0.078 **	0.009
	Q29	0.153 **	0.01	0.109 **	0.009	0.098 **	0.009	0.096 **	0.009
	Q30	0.197 **	0.01	0.140 **	0.01	0.124 **	0.01	0.104 **	0.01
维度3	Q13			0.049 **	0.01	0.034 **	0.01	0.022 *	0.01
	Q14			0.024 **	0.009	0.017	0.009	0.016	0.009
	Q15			0.008	0.012	0.003	0.011	−0.005	0.011
	Q16			0.176 **	0.013	0.129 **	0.013	0.132 **	0.013
	Q17			0.059 **	0.014	0.048 **	0.014	0.042 **	0.014
	Q18			0.077 **	0.01	0.069 **	0.01	0.053 **	0.01

续表

分层回归分析结果								
		分层 1		分层 2		分层 3		分层 4	
		B	标准误	B	标准误	B	标准误	B	标准误
维度 1	Q1					0.042**	0.009	0.037**	0.009
	Q2					0.032*	0.012	0.034**	0.012
	Q3					0.057**	0.014	0.062**	0.014
	Q4					0.027*	0.012	0.027*	0.012
	Q5					-0.007	0.012	-0.007	0.012
	Q6					0.053**	0.009	0.039**	0.009
维度 4	Q19							0.048**	0.008
	Q20							-0.006	0.007
	Q21							-0.026**	0.008
	Q22							-0.020**	0.007
	Q23							0.017*	0.007
	Q24							0.088**	0.009
R^2		0.403		0.485		0.511		0.526	
调整 R^2		0.403		0.484		0.509		0.524	
F 值		899.209 (0.000**)		501.725 (0.000**)		347.016 (0.000**)		267.394 (0.000**)	
ΔR^2		0.403		0.082		0.026		0.015	
ΔF 值		899.209 (0.000**)		141.710 (0.000**)		46.374 (0.000**)		27.442 (0.000**)	
因变量（Y）：维度 6									

* $p<0.05$；** $p<0.01$

表 3-11 显示，本次分层回归分析共涉及 4 个模型。模型 R 平方值为 0.403，意味着个性发展与人际关系可以解释责任担当与价值倾向的 40.3% 变化原因；对模型进行 F 检验时发现模型通过 F 检验（F = 899.209，Sig<0.05），获得模型公式：

责任担当与价值倾向 = 1.579+0.156 * Q25+0.145 * Q26+0.153 *

Q29+0. 197 * Q30。

"我认为个人在大学获得了多方面的发展"的回归系数值为 0. 197，并且呈现显著性（t = 19. 099，P = 0. 000<0. 01）；"我认为团队学习更能促进个人进步"的回归系数值为 0. 153，并且呈现显著性（t = 15. 582，P = 0. 000<0. 01）；"我和宿舍同学关系处得不错"的回归系数值为 0. 156，并且呈现显著性（t = 14. 760，P = 0. 000<0. 01）；"我有信心胜任学生组织领导职务，并在团队活动中与大家相处融洽"的回归系数值为 0. 145，并且呈现显著性（t = 15. 356，P = 0. 000<0. 01）。这些问题都对责任担当与价值倾向产生显著的正向影响关系。

除此之外，维度 3 科学精神与理性思维、维度 1 认识能力与人文底蕴、维度 4 心理健康与健康生活检测都对维度 6 责任担当与价值倾向呈现不同程度的正向影响关系。

第三节 研究结论及思考建议

一、研究结论

本研究关于研究假设的验证，通过问卷调查的信度分析、效度分析、方差分析、因素相关性分析和多元回归分析等多重分析，可以得出结论：假设一"大学生核心素养标准框架能够基本反映大学生发展的共性核心因素"、假设二"大学生核心素养结构的各要素具有内在统一性和关联性"、假设三"关于大学教育对学生核心素养具有发展性价值"全部成立。具体可初步得出以下主要结论：

1. 大学生核心素养整体情况良好，呈现一种立场鲜明、积极向上、拥有正向价值取向与世界观认知体系的精神面貌，这是现代大学生群体的主要特征，应予以积极肯定。

2. 大学生的认知结构与学习能力方面的表现不能完全令人满意。学生信息获取能力的差距成为现代社会中学生学习能力提升的瓶颈，学生高阶学习能力的提升、批判思维的培养是教育教学改革中应致力的重点内容；而大学生的学习兴趣、学习动机、主动学习不足带来的学习问题应引起学校的高度重视。

3. 大学生核心素养的关键指标是学生的学习能力与价值取向，体现为知识结构与学会学习、责任担当与价值倾向两个维度。对这两个维度具有显著影响的是学生的心理健康与健康生活以及学生的个性发展与人际关系，因此大学教育必须高度重视学生的身心健康与个性发展。

4. 大学生心理健康与健康生活方式是大学生发展中普遍存在的突出问题。这方面的薄弱与学生学习能力及价值态度体系的发展有显著的影响关系，特别是不良情绪、意志消沉、不良生活方式等应成为大学教育中着重关注的重要问题。

5. 大学教育活动在学生核心素养的养成方面具有重要的价值。研究结果虽体现出学生素养养成的学科差别、年级差别以及形成方式上的男女性别差别，但在院校类型方面并无显著差异，因此，提高大学生核心素养是所有院校的共同任务。

6. 大学生的情感态度、人际关系、生活方式、行为习惯、意志品质、学习动机、职业规划等因素是影响学生学习与发展的重要因子，应是大学教育关注学生发展的重要内容。

二、相关思考建议

1. 大学时期是学生社会化过程的关键阶段，也是其个体综合素质发展成型的重要时期。高校应遵循立德树人的根本任务与根本标准，"把促进学生成长成才作为学校一切工作的出发点和落脚点，关心每个学生，促进每个学生主动地、生动活泼地发展"（《国家中长期教育改革和发展规划纲要》）。这是大学教育的主体任务，也是"以学生为中心"思想在我国教育教学改革中的根本体现。要深刻地认识"高等教育质量的根本标准是学生发展质量"的思想观念，始终坚持高等学校人才培养的首要任务，全面贯彻"以学生为中心"的发展理念，把育人目标作为高等教育引领性的发展主题，推进大学生发展研究。人是教育的出发点和最终归宿，大学办学的教育目标要始终指向"人"的发展目标，不仅是为了"人的发展"，更是为了"发展的人"。卓越的大学从思想到机制、从内容到模式、从方法到手段都要围绕和跟上发展中的人的步伐，满足发展中的人的需要，这样的教育才会是成功的教育。

2. 大学生核心素养框架是大学生基础的、共性的、关键的综合发展因子体系，应成为大学构筑"以学生为中心"教育体系以及推进大学教育教学改革的重要参照依据，也是研究大学生发展的重要目标和内容。我国关于大学生发展的研究起步较晚，理论研究大多处于对国外学者研究成果的介绍，实证研究也多以引进国外特别是美国的各种大学生学习和发展的评估工具，而关于大学生核心素养的研究更是处于初级阶段。近十多年来，清华大学教育研究院引进美国 NSSE 开展的"中国大学生学习与发展追踪调查（CCSS）"，北京大学教育学院参考美国 NSSE 调查、UCLA 的 CSS 调查及日本东京大学的 CRUMP 调查开展的"首都高校学生发展状况调查"等，这些研究在一定程度上揭示了中国大学生发展的现状和存在的问题，也为研究大学生的核心素养提供了重要依据。本研究所做的研究成果作为大学生发展研究的一项内容，服务于教育改革与学生发展。研究结果表明，学生的成长与发展是学生个体知识结构、情感态度、价值体系全方位的发展进步，其核心是学生人格价值体系与知识能力体系发展的统一性和一致性，大学生核心素养标准框架应成为大学育人目标载体。

3. 关注大学生学习是教育教学改革的主题。从本研究以及一些相关研究的成果来看，我国大学生在认知结构与学习能力方面的表现普遍不能令人满意，特别是批判性思维、科学精神、知识的融会贯通能力等高阶学习水平处于不高的状态，这与国外大学教育有明显差距。因而，这是目前大学教育教学改革应关注的重要问题。在新一轮的大学教育教学改革中要充分尊重教育学、教育心理学的规律，以促进和发展学生的学习能力为目标，通过深化课程改革、教学内容和教学方式改革，以核心素养的养成目标为指引推进学生的深度学习，使学生在知识的认知结构与学习能力方面补齐短板、长足进步。特别需要指出的是，要使学生成为积极主动的学习主体，让学生成为有兴趣、有动力、有方法的学习探索者、学习参与者、学习获益者，着重发展学生的高阶学习能力。

4. 知识体系与价值观体系的融合是学生发展与教育教学改革的关键。长期以来，我国在教育思想层面对人的本质的认识存在偏差，导致教育实践中的各种肢解与疏离，一个重要现象就是学生的知识教育与价值观教育的分离，很多方面出现"两张皮"现象，本次对大学生核心素养的研究比较突出地反映出这个问题。因而，在立德树人根本任务的思想指导下，我国高等教育强调构建"大思政"教育格局。"探索立德树人实现路径，必然需要构建并提升德育与智育两种育人功能的有机耦合"①，落实在高校教育过程中就是真正把价值观教育融入知识教育体系，这不仅是高校思政教育改革创新的关键问题，也是我国新一轮教育教学改革的重要内容。需要强调的是，学生的"学术系统"与"社会交往"系统的交汇在学生的成长与发展中同样起着重要的影响作用，因而，不仅要在教学改革中加重"课程思政"的分量，还要特别关注学生在人际关系、交往活动、社会实践中的价值观与素养养成，要在学生生长的各个领域帮助学生建立和形成价值态度、情感体验、行为习

---

① 任少波，单珏慧. 构建基于"知识共同体"的"德育共同体"［J］. 教育研究，2019（7）：44-50.

惯。在这个过程中，学生的心理健康与个性发展对于学生知识体系的建构与价值体系的形成具有重要影响。在现代信息社会的环境中，大学生的生活方式出现了许多新问题、新变化，这是影响学生健康生活、养成良好行为习惯的直接原因，因而，应研究新问题、新变化，对学生的学术系统与社会交往系统同样予以高度关注、投入重要资源、倾注巨大精力和热情，全力促进学生身心健康、全面发展。

第四章

大学核心素养育人目标建构

教育目标的核心问题是"培养什么样的人"，这是教育的根本问题。培养什么样的人不是一个抽象的口号，必须以目标任务的方式落实到各级各类教育和学校中，落实到每个专业、每门课程和每个教育环节中。因而，教育目标包含学校的办学目标、人才培养目标、教育教学目标、课程体系目标等，这个多维的目标体系以人才培养目标为核心，实质上是对学校培养人才方向、品质、特色、规格等方面的本质规定，这种复杂的背景，使教育目标的综合设计成为一项以"培养什么样的人"为中心的系统工程。今天的教育改革，要面向未来社会对人才的多元化需求，必须以培养学生的核心素养为统领，来建构多维化的人才培养目标体系，由办学目标向育人目标、教育体系目标、课程教学目标实现逐级多层转化，这样才能把教育目标落在实处，实质性地推进教育教学改革。十多年来，核心素养主要作为基础教育与普通教育致力教育改革的一个核心概念，在创新教育理念、推进新课改目标、开展实践活动等方面做了持续探索，推进了教育改革。但是，对于高等教育人才培养，核心素养的提出、研究与推进尚处于起步阶段。研究分析我国人才培养目标的现状，总结与梳理高校在育人目标方面的特点以及普遍存在的问题，探索大学核心素养育人目标体系，是建构未来社会需求的人才培养目标体系、推进新一轮教育教学改革的突破口，也是新的发展阶段推进高等教育综合改革的一个重要问题。

第一节 大学育人目标的内涵与特性

一、人才培养目标的概念意义

育人目标是教育目标在人才培养方面的指向目标。文辅相先生认为，教育目标有广义和狭义之分。广义的教育目标是指社会发展和人的发展对教育包括教育发展和教育活动提出的要求，这种要求表现出层次性，如国家教育目标、学校教育目标、专业教育目标、课程教育目标等，既包括人才培养的质量要求，也包括人才培养的数量要求，这就构成了人才培养目标与教育发展的近期、中期、长期目标等；同时，这种要求还可分为总的要求与分类、分阶段的要求，这就构成了教育的总目标、子目标和德、智、体、美诸育的分类目标等，总目标也通常被称为教育目的。而狭义的教育目标是指一定社会对人才培养提出的质量和规格要求。① 高校人才培养目标是一个国家教育目标在高等教育阶段育人方面的内在反映。目前，对人才培养目标的概念认识也有多种表达，如"人才培养目标是满足一定教育需求，推动预期教育目的实现的导向标志或标准""是根据一定教育目的和约束条件，对教育活动预期结果，即学生的预期发展状态所做的规定"；"大学人才培养目标是人才培养的规格和标准，是大学培养什么人的一种价值主张和具体要求，是大学人才观的集中反映，人才培养目标设计是人才培养体系中的第一要素"等。张应强教授在梳理和总结了多种关于人才培养目标的概念后，对人才培养目标进一步表述为："高校人才培养目标是依据国家教育目的和

---

① 文辅相. 教育目标是教育思想的核心：兼析我国社会主义的高等教育目标 [J]. 高等教育研究，1990（2）：18-24.

大学教育的性质和使命，根据经济社会发展变化对人才的要求，根据人才成长规律和教育教学规律提出的关于大学生成长和发展的价值观、知识结构、能力结构、素质结构等方面的目标、标准和要求。"①

从概念的基本特性来说，人才培养目标是一个中位的概念。一方面，从客观上讲，人才培养目标是国家的教育目的或教育目标在高等学校人才培养活动方面的总的要求的体现。从国家或整个社会的角度而言，教育目的只能是总体性的、高度概括性的，而不可能是具体的、菜单式的。教育目标反映教育目的的要求，是整个国家各级各类学校必须遵循的统一的质量要求，教育目标在大学人才培养活动方面的具体化就体现为大学人才培养目标。因此，"教育目的与培养目标的关系是：教育目的制约各级各类学校的培养目标，各级各类学校通过各自的培养目标以实现共同的教育目的和各自的特殊任务。这就是说，教育目的是确定人才培养目标的基本依据，我国本科教育人才培养目标的制定，必须体现国家的教育方针和教育目的"②。但另一方面，从微观方面人才培养目标的达成，也要进一步通过在人才培养的专业教育目标、人才培养规格、教育教学体系、课程教育目标、实践教学安排等教育教学环节来层层落实，因而，人才培养目标是大学一切人才培养过程和教育教学活动的指导思想，是大学人才培养方向、人才培养质量、人才培养特色的目标、方向、价值取向和人才标准，直接关乎着大学的办学质量和办学水平。一所高校的人才培养目标可以从宏观层面反映出一个国家教育的性质和状态，也可以从微观层面折射出一所大学办学的方向、层次与人才培养的水平以及教育教学的基本方向和形态。

---

① 张应强，王平祥．"双一流"建设背景下我国本科教育人才培养目标的思考［J］．湖南科技大学学报（社会科学版），2019（6）：148-154．
② 张应强，王平祥．"双一流"建设背景下我国本科教育人才培养目标的思考［J］．湖南科技大学学报（社会科学版），2019（6）：148-154．

二、大学人才培养目标设置的价值特性

人才培养目标是国家教育目标对人才培养的使命要求的体现。一方面，人才培养目标全面反映着一个国家的政治方向、社会要求和时代特征；另一方面，人才培养目标也必须体现教育的人才培养规律和受教育者的身心发展规律；此外，大学人才培养目标还必须反映高等教育研究"高深学问"的本质特点，彰显学术本位的重要意义。因而，大学人才培养目标的设置要体现出"政治性""科学性""学术性""时代性"等多重特点，体现出人才培养目标的多元价值追求。我国本科教育人才培养目标，是在落实立德树人根本任务的指导下，培养德智体美劳全面发展的社会主义建设者和接班人，在此基础上，要从多方面体现学校办学的价值目标追求以及对于人才培养的理想标准。

（一）始终将人格发展置于核心位置

我国新时期的教育方针体现了坚持教育为社会主义现代化建设服务、为人民服务的目标要求，把立德树人作为教育的根本任务，全面实施素质教育，培养德智体美劳全面发展的社会主义建设者和接班人，努力办好人民满意的教育。"立德树人""德智体美劳全面发展""为社会主义现代化建设服务、为人民服务"等表述都对我国教育培养人才的思想品质与人格发展做出基本规定，这是学校人才培养目标设置的首要前提。随着全球化时代的来临，大学为国家培养人才的使命也发展成为人类社会的健全和谐发展服务，构建人类命运共同体的愿景也在世界一流大学的育人目标上得以体现。从各级各类学校在培养目标的设置上，要把对国家使命感、人类社会化服务的基本面向以及学生人格发展的主体性结合起来，体现国家使命、社会需求和人格健全的多重特点。

（二）致力于培养学生的学术能力和素养

自现代大学产生以来，大学便始终围绕大学学术的本体属性，以探

求"高深学问"为主旨，重视培养学生学术兴趣和学术素养能力的训练，为此，世界一流大学普遍把学术探索与学术取向作为大学建设发展的内在价值追求。在人才培养目标上，无论是培养造就公民领袖或学术精英，或是改善公众生活质量、发展学生技能，一流大学都将学术研究作为基础，十分重视促进学生获得学术研究的技能和成就，以此促成学生具备只有高等教育接受者才有的特别行事能力。在现代社会中，追求知识、传播知识、创新知识是一流大学的内在品质要求，学术研究与科技创新是大学的主要任务，培养学生的学术研究能力与学术素养是自大学本科教育起就应设立的教育目标、承担的任务要求。

（三）突出体现"培养什么样的人"的品格要素

大学自古是"研究高深学问"的场所，接受大学教育的人所应具备的品质、发展的能力、形成的素养，是所有高等学府致力于办学施教的内在目标要求，是一种共性特征；而具备什么样的品质、发展什么样的能力、形成什么样的素养，则体现在各级各类大学对人才培养不同方向、使命、目标、规格的要求中，这是大学人才培养目标要研究的主题。国际社会关于 21 世纪培养的人才核心素养的研究，在很多方面体现了大学教育致力于未来社会需求的人才要素，表达了高等教育的共性理想目标。同时，在高等学校的特色建设与个性发展上，很多学校的人才培养目标都具有学校自身的特征，体现在教育体系设计的广博与专精、个性特征与全面发展以及文化特色等方面，这是不同的大学具有标志意义与特色显现的体现。如牛津大学的主要特色在于通过发展"人类理解"与广博文化的通识教育培养"心智自由"的人；哈佛大学旨在通过人文科学和科技教育的变革来实现为社会培育公民及公民领袖的目标；而麻省理工学院的使命是推进知识的创新与传播，致力于用知识应对世界性的巨大挑战；等等。这些都彰显了大学育人目标的不同价值目标和教育特色。

（四）集中反映人类社会的时代需求

大学育人目标作为大学教育思想的重要组成部分，具有历史性、稳定性、常态化的特点，但并非完成是一成不变的。随着大学为社会服务的职能成为大学建设与发展的主要功能性目标之一，大学逐渐进入社会的中心，与社会经济、政治文化紧密地联系在一起，大学从适应社会、服务社会到引领社会成为大学最重要的价值追求。社会经济发展的不同阶段对大学培养的人才提出越来越高的不同要求，这个要求一方面反映了社会经济的发展特征，另一方面也反映了人类社会的时代要求，大学的人才培养必须及时、快速、准确地捕捉到这些变化的信号，然后适时地做出应对和反应，这样才能跟上时代发展的步伐，立于不败之地。如此，大学人才培养目标才能够体现与社会的进步、时代的发展同频共振的特性，引领大学教育事业的进步，世界一流大学无不体现了这个特征。如哈佛大学将使命定位为"为我们的社会"培育公民及公民领袖；斯坦福大学聚焦"为社会"积极做贡献；加州大学伯克利分校为通过学术"长期造福社会"；剑桥大学通过国际最顶尖的教育、学习和研究，"为社会"做贡献；牛津大学旨在"为社会"创造利益；等等。

三、大学人才培养目标设置的基本要素

按照以上人才培养目标设置的价值要求，大学人才培养目标的设置呈现是国家使命、社会需求、时代特征、学术品性等价值取向在人才培养目标上的整体反映，包含人格态度、知识品性、能力素质的结构性内涵。学术界通常象征事物整体性特征的"冰山隐喻"可以直观形象地表达出人才培养目标的内涵：培养目标具有类似冰山的特征，既有表面可见的知识、技能等培养目标内容，也有内隐不可见的态度、认知等培

养目标内容，二者不可偏废，共同构成人才培养目标的全部内容。① 为了应对日新月异的世界变化，新时代人才培养目标指向的是具有完善人格、知识素养及综合能力全面发展的人，要兼顾德智体美劳等多方面能力素质的培养，重视形成包括思想深度、人格厚度、能力宽度及认知广度等几个方面的完整培养目标定位体系，从以下方面认识思考大学人才培养目标的核心要素。

（一）价值观教育

新时代人才培养目标的整体性特征强调，学校教育内容不能仅限于学生掌握知识与观察现象等可见性的培养目标，同时要实现学生认识世界与改造世界的价值观与方法论等不可见性的培养目标。教育归根结底是关于"做人的教育"，做人与做事始终是教育不可偏离的主题，而要想做好事，必须先学会做人。随着全球化时代的到来，多元价值体系、多元文化交融使得理想信仰认同出现了空前的危机，这也是人类社会教育领域的世界性难题。在我国，党的十九大报告提出要全面贯彻党的教育方针，落实立德树人根本任务，强调社会主义核心价值观教育，进一步突出中华民族优秀传统文化教育及革命传统教育，这是高等学校人才培养目标要始终坚持的根本方向和基本内涵。

（二）通专结合的知识体系

大学教育是一种高层次的专业教育，知识教育是大学人才培养最基础的内容。正如伯顿·克拉克（Burton Clark）所言："知识材料，尤其是高深的知识材料，处于任何高等教育系统的目的的和实质的核心。"人才培养目标对于知识教育内容的设计，一般而言要依据大学学科的分类与专业的设置来进行布局，通过课程内容来实现。对于大学本科教育的目标要求，需要具备本学科扎实的专业理论基础、研究方法以及较为

---

① 吕立杰，李刚. 人才培养目标的课程转化路径探析 [J]. 教育研究，2018（12）：56-62.

广博的相关知识结构，需要在专业知识教育与通识教育的选择、交叉、融合的途径上认真探索。如何在大学人才培养方案中处理好专业教育与通识教育的关系始终是任何类型、任何层位高等学校发展的难题。这是根据大学发展定位思考"什么知识最有价值"的核心所在，也是如何认识知识教育与培养素养的难点所在。

（三）高等教育人才的基本素养

教育的目的不仅是教育人们时刻准备接受并战胜来自时代变化与社会需求的挑战，同时也包括作为个体的人谋求幸福生活以及成为积极的、有责任感的社会公民的重要内容。在现代社会中，高等教育人才培养的需求呈现了多样化的特点，如社会文明的不断传承、多元文化的彼此交融及人类精神世界的日益丰盈，人与自然之间、人与世界之间、人与自我之间的思考、互动与理解更加频繁，人们需要具备基本的文本阅读能力、信息获取能力、文化理解能力、健康发展能力等，这些都是高等教育人才培养的基本内容，反映在人才培养目标中需要高度的统合能力。

（四）现代与未来社会的关键能力

知识经济、信息社会、人工智能、大数据等已构成人类生活中的核心问题，形成了新概念、新特征、新样态，也需要人才培养新的认知、学习、技能和素养，这些要在大学教育教学体系中体现，更要发展成人才培养的关键能力。国际社会关于21世纪人才培养的核心素养，充分体现了21世纪人们需要具备的关键能力和素养，这是人类社会高等教育的共通性培养要求。如经合组织强调的批判思维、创造思维、学会学习等学习认知能力，认同理解、自我效能、协作能力等社交和情感技能，还有强调变革社会与塑造未来的能力，如创造新价值、协调矛盾和困境以及承担责任等都体现了人才培养的结构性内涵，这些内涵代表了高阶学习能力、和谐幸福生活能力以及职业素养、创新素质等，是新时代大学人才培养目标设置应注重的重要内容。

第二节 我国大学人才培养目标设置的现状与问题

高校的人才培养目标一直作为高等教育的办学方针与顶层设计规定与制约着大学的人才培养活动。"从逻辑上说,高校的人才培养质量首先取决于人才培养目标设计的质量,明确人才培养目标是确保高校人才培养应有质量的基本前提。培养目标不明确、人才培养工作无所适从,其质量也无法检验。由此可见,培养目标是人才培养体系中最重要的要素。"① 需要特别指出的是,我国不仅在教育发展史上历来重视高校人才培养目标的设定,而且,关于高校人才培养目标的研究本身也始终是我国高等教育研究的重要问题。进入 21 世纪以来,我国高等教育深刻反思历史、谋划未来,高等学校回归人才培养的第一职能,重新强化本科教育的基础地位,大力推进一流大学、一流学科的"双一流"建设,在这种新的形势下对于人才培养目标的重新审视再度成为高等教育领域理论研究与现实省思的一个重要问题。

一、大学人才培养目标设置的现状与特点

(一) 我国高等学校人才培养目标的一般描述

我国高校的人才培养目标作为高校教育活动的顶层设计,是高校"培养什么人"问题的本质反映,一般通过大学的学校简介、大学特征的主题描述来进行表达,研究者往往把这些关于培养目标的文本描述作为研究依据的分析样本。通过对我国高校人才培养目标的基本梳理和分析,发现我国高等学校的人才培养一般表述为"培养×××的人才"的样

---

① 眭依凡. 素质教育:高校人才培养体系的重构 [J]. 中国高等教育,2010 (9):10-13.

态，这种大学培养目标的描述呈现方式大致可以归结为"定性"与"定型"两类分析模式。所谓"定性描述"是指对人才所具备的特征和品质进行白描式的勾勒，整体体现出人才的价值；所谓"定型描述"是指直接以分类的方式对人才的价值进行突出和强调。如 A 大学为"培养德智体美全面发展，知识、能力、素质协调发展，具有创新精神和较强实践能力的高级应用型专业人才"；B 大学为"培养适应国家经济与社会发展需要，富有高度历史使命感和社会责任感，具有深厚理论功底、精湛专业能力、良好综合素质、优秀人格品质和广阔国际视野的创新型精英人才"。那么，这两所大学的"定性描述"分别是"德智体美全面发展，知识、能力、素质协调发展，具有创新精神和较强实践能力""适应国家经济与社会发展需要，富有高度历史使命感和社会责任感，具有深厚理论功底、精湛专业能力、良好综合素质、优秀人格品质和广阔国际视野"，而两所学校的"定型描述"分别是"高级应用型专业人才"和"创新型精英人才"。这是我国大多数高校人才培养目标表达的基本样态。

（二）人才培养目标"定性"和"定型"描述的归类分析

根据高校人才培养目标的归类分析发现，在"定性描述"中，针对本科生基础的要求，多所学校有"基础宽厚""厚基础""基本功扎实""扎实专业知识"等表述方式；在"定型描述"中，多所学校提出了要培养"创新者"的目标，包括"创新型人才""创新型高级专门人才""卓越创新人才""拔尖创新人才"等多种表述。学者王严淞通过对 108 所大学人才培养目标的梳理，总结为人才培养素质定性的"九大特质"与定型的"六大类型"，分别是："家国情怀、理想信念、身心健康、基础扎实、能力突出、适用面广、创新精神、视野宽阔以及素质养成"九大特质与"引领者""复合者""国际者""创新人""应用人""学术人"六大类型，这是高水平大学所共同看重并期望着力培养的人才目标。① 而赵睿等学者的研究，则在 42 所一流大学人才培养目标研究分析的基础上，把高校人才培养目标归结为定性描述的十一种人才特征与七种人才类型。② 十一种人才特征包括"爱国情怀和社会责任感、全球公民素养、理想信念、德智体全面发展、基础扎实、能力突出、创新能力、国际视野、人文情怀、科学精神、终身学习能力"等特征，七种人才类型包括"高素质人才、引领者、创新型人才、国际人才、应用人才、研究型人才和专门人才"。他进一步对这些人才特征进行了频次的研究，发现十一种人才特征中，我国一流大学普遍重视"爱国情怀和社会责任感""德智体全面发展""基础扎实""能力突出""创新精神""国际视野"等特征，而培养目标中较少提及的是"全球公民素养""理想信念""人文情怀""科学精神"和"终身学习能力"等特征。在对这些样本高校人才类型的统计中，发现其中有 21 所大学的人才培养目标中提出培养"德智体美全面发展的高素质人才"，19 所大学提出培养"引领者、精英人才"，14 所大学提出培养"创新型人才"，12 所大学提出培养"专门人才"，2 所大学提出培养"应用人才"，而提出培养"国际人才"与"研究型人才"的大学分别只有 1 所。以上这些研究较为集中地反映了我国高校人才培养目标的基本状态。

（三）我国高等学校人才培养目标设计的显著特点

上述对我国大学人才培养目标的梳理与分析，可以归纳出我国大学人才培养目标设置表现出的基本特点。其一是突出人才培养目标的国家性与社会性特征。很多高校在人才培养目标的设立上都反映出注重爱国情怀和社会责任感的特性，强调人才培养服务国家和社会发展的重要作

---

① 王严淞. 论我国一流大学本科人才培养目标 [J]. 中国高教研究，2016 (8)：13-19.

② 赵睿，史万兵. 我国"一流大学"人才培养目标优化研究 [J]. 东北大学学报，2018 (1)：88-93.

用，培养人才的民族精神，明确高等学校是为国家和社会培养人才，这在一定程度上反映了我国对高等教育社会化功能的强化。其二是强调人才培养的宽厚和扎实的知识基础。我国高校在本科人才培养目标的表述中，普遍重视基本知识、基本理论、基本技能的"三基"学习，"宽口径、厚基础"曾经在一段时期内是很多高校普遍的一种人才培养目标表述，同类比较多的具体表述还有"基础宽厚""基础深厚""专业知识扎实""基本功扎实""知识面宽""知识丰富""底蕴深厚"等，这方面反映了我国高校对于人才培养在知识教育体系方面的一种普遍认知和趋同性要求。其三是重视人才培养的创新性和国际视野。改革开放以后，我国高等教育顺应时代的需求和社会经济发展的需要，较为强调人才培养的创新素质与国际视野，这种观念的出现与时代背景相契合，也与国家在新时期实施的创新驱动发展战略密不可分。如一些高校强调"创新思维""创新精神""创新潜质""创新意识"以及"国际化视野""全球化视野""有见识的人"等表述，都反映了高校在新时代对于人才具备创新性与视野性的重视与要求。①

二、我国高校人才培养目标设置存在的问题

通过对一批高水平大学人才培养目标样本的研究和梳理，发现我国高校的目标定位存在着一些值得关注的问题。这些问题如若得不到高度重视以及推进改革，势必对我国高等教育人才培养的方向与质量产生深刻影响，对"双一流"建设的目标与进程产生影响。

（一）从目标设置的形态与评价上，我国人才培养目标普遍存在高远空泛的现象，不能切实地指导人才培养活动与教育教学改革

教育目标从本义上应该具有"理想性"的特征，但必须遵循人才

---

① 王严淞. 论我国一流大学本科人才培养目标 [J]. 中国高教研究，2016（8）：13-19.

成长规律、培养规律和教育教学规律，处理好科学性与理想性的关系。考查我国高校的本科教育人才培养目标，发现不少高校人才培养目标的表述过于高远空泛，频繁使用"高、宽、强"的形容词，过于体现"高、大、全"的特征，严重脱离实际。"最典型的表述是：'培养理想信念坚定、道德品质高尚、人文底蕴深厚、科学素养良好、创新能力卓越、身心强健，具有国家情怀、担当精神、全球视野和跨文化沟通能力的高级专门人才。'这种无所不包的高远空泛的人才培养目标，不仅缺乏对本科教育人才培养各环节的指导性和操作性，而且导致很难对是否达到培养目标的要求进行评估和检验。"① 从目标功能而言，一所学校的本科教育人才培养目标应是高校人才培养活动的总纲领，它要指导高校制订具体的人才培养方案和教学计划、设置课程体系、确立教学内容、组织实施教育教学活动等，但从我国不少高校确定的本科教育人才培养目标不难看出，人才培养目标往往仅具有"文本意义"，甚至与校训、大学使命、大学精神等混为一谈，因而造成人才培养目标对人才培养和教育教学活动的统领性作用不强，甚至出现人才培养目标与人才培养活动"两张皮"的现象，不能对一所学校的人才培养方向与教育教学改革起到切实的引领与指导作用。

（二）从目标设置的方向与特征上，我国人才培养目标表现出"身份性目标"泛化的思想，体现了一种功利性的人才培养倾向

大学究竟应该培养什么样的人？很多学校把人才培养的理想寄托在"高规格"的"成功人才"上面，从而导致人才培养方向的严重功利化、名利化、精英化，这样的人才培养目标会诱发教育的很多问题。如不少高校尤其一些"双一流"建设高校号称要着力培养"政治领袖""商界巨子""科技英才""文化名流"等未来社会的"成功者"作为

---

① 张应强，王平祥．"双一流"建设背景下我国本科教育人才培养目标的思考［J］．湖南科技大学学报（社会科学版），2019（6）：148-154．

人才培养目标。这些"成功者"人才培养目标给大学人才培养带来很多问题，也导致了一些不良的人才发展导向。还有相当多的高校在人才培养目标上过于突出大学的专业教育特征，将培养各行各业的高级专门人才作为人才培养目标，如培养工程师、教师、医师、会计师、法律工作者等，使人才目标直接等同于面向就业的职业技能，使人才培养沦为低俗化的功利培训，削弱了人才目标的示范性、导向性、引领性内涵的价值作用。这样的目标设置，过分强调人才的"规格竞争"而忽略人才的"合作品质"，强调人才的"专业性能"而忽略人才的"素养品质"，强调人才的"类型特性"而忽略人才的"定性品质"，这样在很大程度上导致了不良的人才教育观念，也窄化和矮化了大学教育的价值，特别不利于现代社会对人才培养的普遍定位。

（三）从目标设置的内涵与性质上，我国人才培养目标表现出对学生普适性公民核心素养的缺失与疏离，体现了一种对高等教育人才培养"共通性"的弱化以及对"终身学习"的忽视

从大学本体论的视域出发，大学培养人才应具有全人类高等教育"共识性"与"通约性"的基本特征，这是人类对基于接受高等教育培养、具有"高深学问"基本品性的共性认知，如人文关怀、科学精神、公民教养、学习能力、理解能力等，这些正是21世纪人才培养的核心素养。联合国教科文组织（UNESCO）将"培养全球公民"确立为教育的三大目标之一，并从认知、社会情感和行为三个维度描述了全球公民教育的人才培养目标。① 这三个维度体现了对人才培养核心素养的深层理解，真正体现了培养目标的根本意义。如"认知"包含学习者获得本地、国家和全球问题的知识，理解相关问题及不同国家、民族的相互联系和依存，使学习者具备批判性思维和分析的能力；"社会情感"

---

① UNESCO．Global Citizenship Education：Topice and Learning Objective［M］．Paris：UNESCO Publishing，2015：22.

包含学习者体验属于人类共同社会的归属感，分享价值、分担责任、保护人权，学习者具备同感能力和维护团结的态度，尊重差异和多样性；"行为"包含学习者高效、负责地参与地方、国家和全球事务，创建一个和平与可持续的世界，学习者有采取适当行动的动机和意愿等。这三大目标体现了国际社会对未来社会培养人才的一种素养认同，只有具备了这些素质的人，才能够在全球化背景下，对未来的不确定社会具有正当驾驭能力，才是世界各国普遍接受和认同的和谐发展的人。世界一流大学在这方面有很多具有启示意义的例证，如普林斯顿大学培养"为国家服务，为人类社会服务的全球公民"，麻省理工学院"培养学生在科学、技术及其他学科领域的学识，为国家和 21 世纪的世界服务"，加拿大英属哥伦比亚大学"培养全球公民，为大学、国家和世界服务"等。而我国大学人才培养目标，缺少在全球化视野中审视人才发展的核心维度，暴露了我国一些大学人才培养方面所具有的偏狭、低俗、短视的一面，也是人才培养目标不能适应时代要求的突出反映。

（四）从目标设置的整体表达与意义上，我国人才培养目标表现出高度的同质化，大学的标志意义不强，不利于各级各类大学特色化与个性化发展

据不完全统计，我国现有各级各类高等学校 3000 多所。从大学办学的目标定位上，理论上不同的大学应该具有不同人才培养目标、不同的精神气质文化，具有浓厚的大学特色化与个性化色彩，培养出各级各类的多样性、多元化人才。但是，事实上，目前我国高校的人才培养目标定位雷同，千篇一律，"同质化"现象十分严重。更有不少高校相互借鉴模仿，甚至相互攀比，争相提出"高大上"的人才培养目标而不具有标志性意义，难以通过识读培养目标准确地判断其属于哪一所学校的设计理念，没有体现出高校自身的独特理念、个性特色和学科专业特点。相比之下，世界一流大学的培养目标则各具特色，更加注重将自己的理念渗透学生的培养过程，而在一定程度上避免了趋同性与一致性。

如剑桥大学的人才培养目标注重"学习力"的概念，致力于"通过教育提高学生在生活中的学习力"；牛津大学的表述为"在科研和教育上引领世界"；东京大学的表述为"培养具有国际素养和开拓精神的领导者"等，均具有明确的标志意义和激励作用。不仅如此，同质化的问题还同时体现在大学的校训、办学目标等方面，这些集中反映出我校高等学校的教育思想与办学理念普遍还处于粗放式的较低水平，没有形成各自独特的办学理念、办学思想与办学风格。

第三节　建构核心素养导向的人才培养目标

一、世界一流大学人才培养目标设置的先进经验

世界一流大学基于悠久的办学历史、先进的办学理念、浑厚的大学文化，积聚了丰富的大学教育办学思想。其中，关于大学的人才培养目标，也形成了独有的文化内涵，很多方面值得我国高等教育学习、研究和借鉴。研究与梳理若干世界一流大学的大学教育目标或人才培养目标，有以下几个基本的趋势与特点。

（一）人才培养目标具有丰富、明确的结构性内涵

世界一流大学的人才目标内涵在一般意义上充分体现了对于大学教育担负的培养未来社会人才使命的认识，普遍体现了一种追求卓越、寻求创新、注重学术发展、培养学习能力、关心人类等具有"普世价值"的教育思想，内容丰富、层次清晰、引领性强。有学者通过对若干所世界一流大学人才培养目标的梳理和研究，从知识、研究、能力、素质、服务、人才定位几个关键词的词频分析，将一流大学的人才培养目标主

要内涵方面总结为五个向度：① 第一，促进研究创新。不少一流大学将本科人才培养目标定位于促进研究创新，通过最前沿的研究，探讨最具挑战性和基础性的问题，不断创造知识，拓展知识与边界等。第二，提高工作技能，提升综合能力。世界一流大学中绝大部分大学十分注重培养学生未来职业需要的综合能力，反映在本科人才培养具体目标要求中，体现为一个由各种能力所组成的"能力体系"，如清晰的表达和写作能力、逻辑思考能力、批判性思维能力、研究探索能力、解决问题能力、终身学习能力等。第三，提高个人及人类生活质量，具有人文关怀。第四，造就领袖人才。第五，富有知识、智慧、思想和责任感的公民。例如，在承担追求知识创新与发展的一流大学使命方面：普林斯顿大学将本科人才培养目标表述为"致力于学生每一步学术参与和成长"；芝加哥大学的表述为"使学生具有挑战传统思维、追求原创思想的能力"；京都大学的表述为"致力于卓越知识的继承与创造"；等等。这些充分体现了顶尖级大学追求知识创新的特质。再比如，在注重培养学生的创新思维与学习能力方面：加州大学圣地亚哥分校的表述为"学会具备加快解决世界上最紧迫问题所需多学科技能"；瑞士苏黎世联邦理工学院的表述为"让学生掌握牢固技术知识、实践技能和参与跨学科活动的能力"。而在关心人类的"普世价值"，培养具有知识、智慧、思想和责任感的世界公民方面：哈佛大学将本科人才培养目标表述为"为我们的社会培育公民"；耶鲁大学的表述为"使学生毕业时能过上成功的、有目标的生活"；斯坦福大学的表述为"培养学生成为复杂世界里的公民"；等等。以上这些内容在很多方面都切合了 21 世纪人才培养核心素养的主题。

---

① 王平祥.世界一流大学本科人才培养目标及其价值取向审思［J］.高等教育研究，2018（3）：58-63.

（二）人才培养目标的制订与时俱进，充分体现人才培养的时代意义

大学是"遗传与环境"的产物，大学随着社会的发展而变化，随着时代的前进而跃升。大学的人才培养目标是大学具有引领意义的人才培养标准，因而必须跟随时代的发展而不断体现出新的价值作用。世界一流大学在其历史进程中从来没有停止过人才培养目标的调整更新，以及根据培养目标变化不断完善人才培养体系及其要素。例如，哈佛大学。1869 年艾略特（Charles William Eliot）担任哈佛大学校长，他敏锐地发现哈佛大学以"品格和虔诚"为价值引领建立的培养目标已经落后于时代的要求，受这一传统培养目标的支配，哈佛大学培养的多是社会生活的旁观者和批评家而非实干家，于是他提出应该培养致力于事业成功、增进社会公共福祉的实干家和能做出成就的人的目标设计，从而开启了哈佛大学历史上重视、关注人才培养目标修订更新的序幕，历任校长都为此做出努力。艾略特的继任者劳威尔（Abbott Lawrence Lowell）提出学院应该培养智力上全面发展的人，有广泛同情心和判断能力的人而非瘸腿的专家；科南特（James Bryant Conant）强调培养负责任的人和公民，培养情感和智力全面发展的人，培养集自由与专家于一身的人；普西（Nathan Marsh Pusey）则要求为国家和世界培养有教养的人、有思想的人、有知识和信念的人；等等。以上可以看出，哈佛大学人才培养质量之高是与其教育思想的不断发展密切相关的，在很大程度上是人才培养目标与时俱进的结果。在快速发展的时代中，大学的教育思想、办学理念、人才目标必须不断注入新的内容、体现新的使命要求，这样才可能使人才培养基业长青，体现出大学适应社会与顺应时代的本质意义。

（三）人才培养目标具有对人才培养活动切实的指导意义

"人才培养目标是人才观在高校的集中反映和培养什么人的价值主张及具体要求，也是人才培养活动得以发生的基本依据和人才培养制度

安排的基本原则，人才培养目标设计是人才培养体系中的第一要素。因此，大学的人才培养质量首先取决于人才培养目标设计的质量，培养目标是人才培养质量提升的关键。"① 世界一流大学在设定人才培养目标方面，不是空泛的文本描述或文字游戏，而是包含先进的办学理念，具有人才培养体系特质的丰富内涵，能够对人才培养方案、教学计划、课程目标等教育教学活动具有直接的指导意义。如具有知识创新领袖地位的斯坦福大学，不断挑战大学人才培养模式的传统，启动著名的"开环大学（Open-loop University）"《斯坦福大学 2025 年计划》，不仅创新了在全球领先的教育理念，而且更重要的是该教育改革计划引领了教育培养计划与人才培养模式的实质性变革。"开环大学"最具创新性的改革可以归纳为两大类：一是对接受高等教育的学生及学制、学习方式等进行重新规定，包括解除入学学生的年龄限制、安排并延长学习时间、改变传统的教学方式等；二是提出对人才培养模式具有颠覆性意义的人才培养目标创新的三大举措，即强调学生个性发展的"自定节奏的教育"（paced education），体现能力优先教育理念的"轴翻转"（axis flip），以及旨在对人类社会负责的"有使命的学习"（purpose learning）。斯坦福大学这项具有顶层设计意义的发展改革计划，是一项通过改革人才培养目标而彻底改变人才培养模式的一项大学教育改革计划，它以指向发展大学生能力为载体，来提高学生的使命感和领导力从而使他们有更好的社会担当，体现了一种创新性的教育理念和人才培养模式的革命性变革。这项紧紧围绕人才培养目标创新的人才培养模式改革，不仅直接指导了斯坦福大学本校的教育教学改革，而且对全球的大学教育改革都具有启示价值和借鉴意义。

---

① 项璐，眭依凡. 培养目标：人才培养模式改革的价值引领［J］. 现代大学教育，2018（4）：103-111.

（四）人才培养目标注重构建具有操作意义的素质、知识及能力结构

人才培养目标是人才培养体系诸要素设计安排的顶层设计及人才培养质量检验的基本依据。如果人才培养目标对于人才素质、知识及能力没有清晰的分解目标，就会导致后续的知识体系建构即课程体系设计既不得要领又依据不足，同时，也导致对大学生能力培养具有决定性的教学模式针对性不强，因而，我国课程体系及教学模式的科学性、系统性、整体性不足通常源于人才培养目标缺乏可操作性，这个问题历来是我国人才培养目标的一个极大的弱势。欧美大学人才培养最成功的经验之一就是培养目标明确。以普林斯顿大学为例，其对本科生培养目标包含 12 项创新型人才的知识、能力和素质要求，结构清晰、要求明确：具有清楚的思维、谈吐和写作的能力；具有以批评的方式系统推理的能力；具有形成概念和解决问题的能力；具有独立思考的能力；具有敢于创新及独立工作的能力；具有与他人合作的能力；具有判断什么意味着彻底理解某种东西的能力；具有辨识重要的东西与琐碎的东西、持久的东西与短暂的东西的能力；熟悉不同的思维方式；具有某一领域知识的深度；具有观察不同学科、文化、理念相关之处的能力；具有一生求学不止的能力。这些具体的人才素养、能力的目标要求，能够有针对性地贯彻、落实到人才培养体系的环节中，起到目标的导向作用。

二、调整与优化我国大学人才培养目标的基本原则

基于我国大学人才培养目标的现状与问题，在面向全球化、信息化以及第四次工业革命时代的转型时期，必须借鉴世界先进的教育思想，重塑教育理念，构建、调整与优化面向未来社会、具有中国特色的大学育人目标。聚焦育人目标的具体设计与调整，正如张应强教授所指出的："必须从根本上改变我国传统人才培养目标高远空泛、不切实际、

对教育教学活动指导性不强的问题，坚持本科人才培养目标的中国特色，从身份性目标向素质性目标转变，由工具性目标向主体性目标转变，向培养具有全球视野的社会公民和世界公民目标转变。"① 在这样的前提下，需要把握几个重要原则。

（一）坚持中国特色的社会主义大学人才培养目标

我国高等教育人才培养目标是基于我国教育的性质和宗旨、办学历史与传统，在长期探索实践中凝聚、积淀形成的。因而，高等教育在学习世界一流大学先进理念的同时，必须始终坚持中国特色社会主义教育思想方向，在立德树人根本任务指导下确立办学思想与育人目标。确定我国本科教育人才培养目标必须遵循两个基本原则：一是政治性原则，即把握人才培养的政治方向，培养中国特色社会主义事业建设者和接班人，回答培养什么人、为谁培养人的问题；二是科学性原则，即遵循高等教育人才成长规律和人才培养规律，回答如何培养人的问题。要在人才培养目标设置的立足点上实现两个基本原则的有机结合，这是我国大学设置人才培养目标的基本要求。

（二）学习和融会世界先进的教育理念

全球化时代的来临，中国与世界都面临新的形势，要以全新的理念构建新的格局，应对新的需求。新的时代，中国要实现建设教育强国和教育现代化目标，建设和发展具有中国特色、世界水平的一流大学，发展一流教育，推进科教兴国的重大使命，必须在立足中国国情和文化教育传统的基础上，准确把握世界高等教育发展新趋势，把握时代发展的新特点、新要求，积极吸纳世界高等教育新理念，来构筑、调整、优化和确立现代化社会中高等教育的育人目标。世界一流大学在设计人才培养目标方面体现出来的多方面价值取向，以及先进的教育理念、丰富的

---

① 王建慧，徐高明. 推进以学生发展为中心的大学教育变革：《江苏高教》2019 年学术研讨会综述 [J]. 江苏高教，2019（6）：119-124.

文化内涵、具有可操作性的设计内容和方式以及与时俱进、不断求新的精神，有很多方面值得我国学习、思考和借鉴。我国高等教育必须顺应体现时代的新潮流与世界的新趋向，才可能在人才培养目标上体现融入国际社会先进行列的思想内容，在人才培养顶层设计上体现我国建设教育强国的目标要求，推进大国办教育的时代步伐。

（三）以问题为导向调整人才培养目标的设置思路

目前我国大多数高校提出的人才培养目标表现出两种状态：一是过于高远空泛、不切实际，不能给予教育教学方案与人才培养方案以切实指导；二是总体上体现出一种"身份性"目标或更多地突出其专业教育特性，这样的人才培养目标往往从培养各行各业的高级专门人才的视角出发，使专业设置、课程和教育教学的各个环节主要围绕如何使学生掌握从事某一具体职业所需要的完整知识体系来设计，而诸如意志品质教育、社会责任感教育和人文精神教育等通识性教育内容难以融入人才培养目标体系，导致对通识教育和文化素质教育的挤压甚至排斥，形成了一种工具性人才培养目标，不利于学生的主体性精神与独立人格的成长和发展。因而，必须正视问题、调整思路，将培养具有主体性精神的全面发展的人作为目标，实现人才培养目标对人的发展引导方向的转变，从面向未来的视域，培养学生的主体性意识、独立人格、创新性思维和持续的学习能力，发展和形成学生面向未来社会发展的核心素质，实现人才培养目标设置的两个转变，即从身份性目标向素质性目标转变，从工具性目标向主体性目标转变。

（四）注重大学办学目标与方向的校本特色

世界一流大学本科人才培养目标涵盖造就领袖、研究创新、提升能力、改善生活等多种类型，表现出其在社会需求、个人发展、学术创新、人类关怀等方面多样化的价值追求，这种不同的文化精神来自大学不同的办学历史与教育实践，是大学"遗传与环境"共同造就的产物。而我国大学办学同质化十分严重，甚至在很多方面呈现千校一面的特征，十分不利于各级各类大学办出特色，更不利于满足社会发展对于多元化、多维度、多样态人才的需求。因而，在坚持中国本土特色、符合中国特色社会主义教育目标的前提下，大学应紧密结合学校的办学方向、办学定位、人才面向、校本文化来研究与构筑人才培养目标，从学生发展的知识、能力、素质方面综合考虑，充分体现学校独特的文化内涵与资源优势，建设具有校本标志意义的、富有丰富教育内涵与文化理念的人才培养目标，指导学校的办学实践。

三、新时期重构大学人才培养目标应解决的关键问题

我国高等教育具有自身发展的特殊性。新时代的教育创新，一方面要根据我国教育自身的现状和特点找出解决路径，另一方面，也需要在全球化的视域下寻求更加宽广的天地以绘制理想的目标图景。针对我国高等教育发展的现状以及人才培养目标存在的问题，特别要注重解决几个关键问题，这是新时期重构新时期大学人才培养目标致力的突破点。

（一）突出大学生核心素养在育人目标建构的导向作用

大学生核心素养是适应个人终身发展和社会发展需要的必备品格与关键能力。将大学生核心素养作为高校人才培养目标的关键性内容，是高等教育适应社会以及引领时代发展的需要所决定的。21 世纪是一个充满不确定性的世纪，新一轮科技革命和全球科技发展呈现诸多新趋势和新特点。在这样的形势下，高等教育培养的人才如何以"恒定的"品质体现其对应"不确定性"的素质和能力，高校人才培养目标就必须体现 21 世纪所要求的核心素养。在这个方面，全球大学在人才培养方面具有"共通性"的趋势，体现了高等教育高位发展的人才培养规律。对中国的大学人才培养而言，强调人才培养目标的学生核心素养导向，也是针对中国教育存在的问题补短板、涨弱势的一个重要内容。由于长期以来我国人才培养目标对于高等教育社会功能过于彰显，学生个

人素质与个人发展在一定程度上有所弱化，这使得在应对未来不确定的社会发展中，我们培养的人才缺乏后劲与实力，缺乏主体性与创造性，特别是在学生的创新思维能力、终身学习能力、合作与理解、全球胜任力等核心素养的形成与培养等方面，这些长期以来我国高校人才培养目标常常忽视或弱化的方面，应作为新时代人才培养目标确立要体现的重要内容。

（二）注重加强学生人文情怀、科学精神和学习能力的教育内容

人文教育、科学教育与专业教育在发展中的融合统一始终是高等教育建设发展中的一个难题。随着世界一统化、社会复杂化、学科综合化的发展趋势，人们需要的人文关怀、文化视野、科学思维、创新素质是以往任何纯粹的专业教育都不能达到的目标。要通过人文教育和科学教育开阔学生的视野，让学生了解中国和世界的古往今来，认识文化、伦理、生命、物理等构成当今世界的各个有形或无形的元素；要培养学生探索求实的科学精神，用世界的眼光看待知识的差距，坚守信念，忠于科学，求真务实，实现超越；要强调大学教育中学生的学习能力，使其具备知识迁移与建构的创新能力、具备终身学习与可持续发展的基本素质，使人的创造力释放无比的活性和动力。特别重要的是，加强人才培养目标的人文教育、科学教育与学生学习能力教育，是指导新一轮的大学教育教学体系改革的重要内容，体现在大学人才培养方案的设计上、课程教学目标的改革上、学生创新实践的推动上，都具有丰富的内涵，使人才培养目标能够切实地指导人才培养的活动与学生发展的教育实践。我国大学教育人才培养目标长期以来比较忽视这块内容，致使在人才培养活动与教育体系中欠缺人文关怀的文化、科学精神的养成、学习能力的培养，这可以归结为著名的钱学森之问"为什么我们大学教育培养不出创新拔尖人才"的原因之一，这是我国大学教育一个十分需要"补课"的地方。

（三）重视对学生的全球性公民素质养成教育

随着经济全球化和全球利益一体化进程加快，高等教育的社会责任逐步由国家责任向全球性责任转变，主动承担全球责任、致力于解决人类社会共同存在的问题成为高等教育的新使命。在这个背景下，全球公民养成教育作为现代教育方式的一种变革，强调在人才培养超越国家和地区的界限，树立为人类社会服务的目标，这是全球化背景下教育发展的必然归宿。国际教育组织和世界一流大学都注重现代社会的公民素养教育，在人才培养目标方面强调培育社会、文化、生态和经济发展所需要的批判性和创造性思维、合作与理解、信息与沟通等能力的形成，强调人们致力于构筑和平、捍卫人类权利和实现民主价值等公民道德教育责任。如斯坦福大学将使命表述为"以创造和传播知识为人类服务"；普林斯顿大学强调不仅为国家服务，而且"为全人类福祉服务"；牛津大学旨在科研和教育上引领"世界"，以在全球层面"为社会创造利益"等。我国普通高校特别是一流大学人才培养目标普遍缺乏在全球环境中培养人才公民责任感的相关内容，根本原因在于人才培养目标的全球化视野不够，有某些方面甚至将对全球化的理解与国家性、民族性的利益放在一个对立面，这样十分不利于培养具有宽阔视野、广博精神的国际化创新人才，这是教育现代化进程中重构人才培养目标需要关注的一个重要问题。

（四）建构具有可操作性的知识、能力、素养等结构化的人才教育教学目标

人才培养目标的设置应该对人才培养体系具有切实、明确的指导价值，表现在对人才培养目标内容和标准的结构性分解与确立，如对各级各类人才培养在知识、能力、素养等方面的明确要求并使之渗透、融合课程建设与教学活动，这方面是我国大学人才培养目标的一个短板。"我们在人才培养上一个长期以来悬而未决的问题就是人才培养目标过于笼统模糊，在人才培养目标设计上缺乏对专业人才所必需的知识、能

力、素质的科学分解和建构，由此导致我们的人才培养目标缺乏操作性，不能排除这亦是我们大学的人才培养整体性、逻辑性、科学性不足和培养质量不高的一个原因。"[1] 科学的人才培养目标必须与时俱进地依据时代社会发展对专业人才提出的知识、能力、素养结构要求来进行精心设计，依次使知识体系、课程内容、培养模式、教学方式等人才培养过程和环节的选择运用都能够按照一条清晰的逻辑线路有序进行。在这方面，我国大学需要认识学习与研究先进的教育思想与发展案例，从中汲取有益的经验与思想，创造性地运用到我国大学人才培养目标的建构中，使之能够良好地指导教育教学改革实践。

---

[1] 项璐，眭依凡．培养目标：人才培养模式改革的价值引领 [J]．现代大学教育，2018（4）：103-111.

第五章

素养导向的人才培养体系创新

建构以核心素养为导向的大学育人目标，不仅是新时期国际先进教育理念在高等教育领域的贯彻与渗透，最重要的是推动素养导向的育人目标引领大学人才培养体系的改革和创新，实现高等教育人才培养质量的提升，这是以育人目标为突破口撬动新时期教育教学改革、回答"如何培养人"宏大命题的必然逻辑。那么，以学生的核心素养为培养目标的教育，是一种什么样的教育？核心素养作为 21 世纪国际教育领域的一个主题概念，与我国教育改革实践中本土萌生的素质教育是一种什么关系？新时期重新审视与革新大学素质教育，对我国创新人才培养体系的推动体现出什么价值？进一步，在新时期素质教育的旗帜下围绕核心素养生成与发展的知识教育，需要如何处理通识教育与专业教育的关系，如何推进以学生为中心的深度学习，如何使核心素养人才培养目标向课程教学目标转化等，这一系列问题是新时期推动核心素养导向的人才培养体系必须回答的问题，需要理论上的深化认识与教育实践的改革创新。

第一节　推进新时期素质教育再出发

素质教育是具有中国特色的本土化教育理论思想，兼具教育思想与教育模式的双重属性，是当代我国最具影响力的一种教育思潮和对教育改革富有指导意义的教育理念。作为中国教育改革开放四十年发展所产生的重要的教育思想与模式，素质教育是经过中国教育实践证明的切合中国国情、富有中国特色的一种教育理念，也是指导我国教育实践与教育改革行动的富有成效的教育理论，在我国教育发展中具有重要价值意义。当我们在推进新时期学生核心素养导向的教育实践时，需要回过头来，对我们本土化的素质教育理论与实践再认识、再反思，使之形成贯穿始终的教育指导思想，推动教育实践改革创新。

一、我国本土化素质教育思想与核心素养的关系

（一）素质教育理论思想与改革实践的再审视

多年来，党和国家把素质教育确定为各级各类教育改革发展的指导思想，素质教育不仅写入了党和国家教育改革发展的纲领性文件，而且成为通过教育政策予以着力推进的教育思想与改革实践。素质教育提出与实施四十年来，对教育实践产生了广泛而深刻的影响，在提高人才培养质量、提升整体国民素质等方面发挥了重要的作用。素质教育的理论成就可以总结为以下几个方面："明确了人的全面发展是素质教育的核心内涵、明确了素质教育是贯彻党的教育方针的根本措施、明确了素质教育是适合我国教育实践的育人智慧与特色的时代表达、明确了素质教育是科学精神与人文精神的有机融合、明确了素质教育的根本任务是对人的身心综合素质的全面培养、明确了素质教育是克服'应试教育'顽疾的必然选择。"① 从根本上说，素质教育的目标在于重建育人的整体性，注重培养人的综合素养与整体素质的提升，强调通过科学精神与人文精神的有机融合和贯通培养，促进人的全面发展。因而，素质教育实质上是一个完整的人才培养体系的概念。新时期围绕学生核心素养构

---

① 杨兆山，时益之．素质教育的政策演变与理论探索［J］．教育研究，2018（12）：18-29.

建人才培养目标，实质上是素质教育在新时期的进一步深化与创新，需要在理论思想和教育实践中重新审视素质教育，推动素质教育再出发，以此推进人才培养体系的改革创新。

长期以来，由于在理论上缺乏对素质教育的深入认识，导致在素质教育的教育实践中，往往过于彰显素质教育的工具性或外显性价值，诸如对素质教育简单理解为强调对学生知识、能力素质的培养，而忽视了素质教育对人才培养体系改造的思想性和整体性，尤其是忽视了素质教育在大学生教育中对社会责任及人文精神方面的价值关心，以及素质教育是贯穿在大学教育的全要素、全过程的教育模式，忽视了素质教育作为一种创新性教育实践的主体性、方向性与目标引导性。当下在推进教育现代化的进程中，以核心素养为引领性目标推动素质教育的革新与发展，重构人才培养体系，创新素质教育知识体系和培养模式、建构和营造有利于素质教育的大学制度和文化环境，是提升人才培养质量并改善提高大学教育者自身素质，推动当下教育综合改革、实现教育现代化进程的有效路径。

（二）核心素养对素质教育思想的丰富与发展

核心素养与素质教育的关系具有广泛而深入的内在联系。从理论上而言，核心素养的概念、内涵与素质教育所倡导的教育思想与理念有许多本质上的共通之处。其一，从概念的本义上来说，正如在核心素养概念辨析中所分析的那样，素质与素养并无本质的区别，在许多场合甚至经常同一使用。二者主要的差异在于：素质更多指的是人们生理的或心理的素质结构的要素构成，而素养更多指的是人成功应对或完成某种实际活动所需要的胜任力或竞争力，核心素养更具有关键性、情境性、教养性特征等。在理论意义上，素质教育可以包容核心素养的时代理念，素质教育的目标本身就指向人的素养与能力的生成。其二，核心素养与素质教育的共同目标是致力于促进学生发展。素质教育作为在我国推行了多年的思想与实践，一个重要进展或成就是将教育目标的聚焦点从以知识为本转变为以学生为本，破解现实教育中存在的"知识中心"的弊端，从学生整体发展视角看待教育问题，并在教育过程中致力推进学生的主体活动与综合素质能力的提高，这与核心素养"教育面向学生的未来"以及"以学生发展为核心"的本质意义是相同的。其三，核心素养的内涵与素质教育的思想在内容方面有很大的共通性。国际上关于核心素养的共性内涵如学习能力、创新思维、广泛理解、沟通合作、人类关怀等，与素质教育强调的知识能力结构、人文关怀与科学精神、身心综合素质培养等都具有高度的共通性、包含性、一致性。因而，可以笼统地说，素质教育包含了核心素养的许多内容，核心素养强调了素质教育的关键能力。

但是，作为一个具有高度时代特性与国际化特性的概念，核心素养对于素质教育在理论内涵上与实践应用性方面都是新的补充、更新、丰富和完善。一是体现在时代性。素质教育的一般理解突出了作为人的全面发展的素质培养问题，体现的是对学生作为一般人的身心整体健康和全面发展，而对当今时代对人的身心发展提出的新要求的回应是不够的；相比之下，核心素养则突出了 21 世纪需要的素养教育问题。二是体现在结构性。素质教育主要沿用德智体美全面发展的框架来把握人的素质结构，对于现代人的素质结构没有进行更科学、更有现实意义的分析；西方提出的核心素养的分析框架则以一个全新的角度提出了更具针对性、更具操作意义的结构；"国际核心素养研究背后所显现的，是对于当今信息化、知识经济和终身教育时代人的身心发展应做出哪些新的回应的关注，而这些关注点又是我国过去素质教育没有注意到的，这才是我们借鉴和重视核心素养研究最重要的理由"①。因而，在理论内涵上，核心素养的目标框架进一步丰富了素质教育的思想内容，同时也使

① 陈佑清. "核心素养"研究：新意及意义何在?：基于与"素质教育"比较的分析 [J]. 课程·教材·教法，2016 (12)：3-8.

素质教育的改革实践更具目标意义与可操作性。

（三）素质教育推进核心素养目标落实与达成

一个完整的人才培养体系包含培养目标、知识体系、教育教学体系、培养模式、教学制度安排等各教育要素的组合。素质教育既是以培养全面发展的人为目标的教育思想，也是融合知识、能力、素质等结构要素与教育方法革新为一体的教育模式，因而体现为一个完整的人才培养体系。素质教育的思想基础就在于倡导用以人为本的思想，围绕学生的核心素养培养目标，从提高人的基本素质角度来设计人才培养体系以促进大学生的个性发展和自主学习、创新能力的培养，推动核心素养人才培养目标在教育实践体系中的达成和实现。就高等教育而言，素质教育是在尊重学生主体性和主动性的前提下，根据学生个人发展和社会发展的实际需要，全面提高学生包括道德素质、业务素质、文化素质和身体心理素质在内的一种教育理念和教育实践，其目的是把受教育者培养成习近平总书记所倡导的"有理想、有追求，有担当、有作为，有品质、有修养"的大学生，使受教育者既有理想抱负又具家国情怀和社会担当，既有知识智慧又有创新精神和创新能力，这是以素质教育为目的重构人才培养体系的思想基础。核心素养作为新时期人才培养关键性能力与素质的集合，实质上是对以上人才培养体系在人才目标上的概念化、结构化与具体化，也是对素质教育在教育教学体系、课程教学目标以及实践活动安排等一系列人才培养活动环节上的观念性以及方法论的指向和引导。

二、素质教育与通识教育、专业教育

高等学校推进素质教育改革实践，在观念上有两个绕不过去的概念，即通识教育与专业教育。这是高校教育教学实践中经常引起认识模糊，甚至引导教育理论与实践步入误区的两个概念。比如，简单地把素质教育放在专业教育的对立面，认为素质教育是专业教育的补充；或在教育理念上把素质教育等同于人文教育或通识教育，等同于开设几门人文或通识教育课程等，这样就使素质教育沦为肤浅化或简单化的一种工具，忽视了素质教育作为一种教育思想在人才培养中的全程参与和全要素渗透。因而，需要在理论上对素质教育、通识教育及专业教育的概念意义进行辨析，在此基础上深入认识其思想实质，正确指导改革实践。

通识教育（General Education）作为一个概念，多年来曾经引起教育界普遍的关注，也引发了多种争论。从来源上，通识教育源自古典的自由教育（或称博雅教育），自由教育思想发轫于古希腊罗马时代，是一种以人的理性发展为目标、强调心智训练的教育，最初只是一种小众的适合19世纪英国人的"绅士教育"。到了20世纪，自由教育不得不突破小众传统，扩展为一种人人应该接受的教育，这就是通识教育。如果不深究其规范的定义，而只从探讨内涵的意义而言，可以对通识教育做以下理解：通识教育是高等教育的组成部分，通识教育是"非专业、非职业性的高等教育"，通识教育是对"所有人的教育"，通识教育是一种"大学理念，实质上是对自由和人文传统的继承"①。今天，通识教育作为世界古典大学的精髓，经过几百年的沉积与发展，其精神要义与实施内容都发生了很大变化，各类高校实施通识教育的内容、方法、途径也有着千差万别。

专业教育（Professional Education）是高等教育的本质特性，是高等教育区别于普通教育或基础教育的独有属性。20世纪上半叶，高等教育与职业发展相结合的趋向已经在世界各国的大学中占统治地位。大多数的学生认为，找到一份好的工作是他们进入大学学习的直接动力和主要原因。同时，学科知识的分门别类又提供了一个良好的契机，使专

① 李曼丽，汪永铨.关于"通识教育"概念内涵的讨论［J］.清华大学教育研究，1999（1）：96-101.

业教育迅速发展起来。由此，大学在积极回应就业市场的需求方面阔步前进，传统的学科也被改造得更具应用性，适时地迎合了社会经济发展的需求。专业教育的势头发展起来之后，职业教育也应时所需，成为高等教育的一个分支发展了起来。我国在 20 世纪 50 年代开始全盘学习苏联的计划经济教育模式，把专业教育发挥到了极致。这种教育模式由于缺少理性主义的精神支撑，而把知识一味地肢解分割成越来越细的专业，注定不能走得太远。但也不可否认，新中国成立初期这种专业主义教育模式也为当时国民经济的快速发展培养了大批有用的专业技术人才，促进了社会经济的发展。

素质教育与通识教育、专业教育不同，作为一种中国本土的概念，素质教育是以提升和完善人的素养和品质为根本宗旨的一种教育思想。素质教育源于 20 世纪 90 年代中期。当时，以华中科技大学杨叔子院士为代表的一批教育家，看到在大学特别是工科大学里，学生的人文知识普遍不足，人文精神与修养严重缺失，他们认为这是我国大学教育存在的根本问题之一，因而在这一背景之下提出了素质教育，当时也称人文素质教育。这一思想很快在教育界得到了广泛认同。随之，自杨叔子先生倡导下由华中科技大学发起的人文素质教育，很快形成了一种教育思潮，得到了全国范围内高等学校的普遍响应，并得到了国家教育政策层面的支持与推动。素质教育思潮的涌现，实质上是教育的真正回归，这是直接指向人自身、直接为人自身的完善的教育，是适合我国高等教育实践发展要求的思想。

从概念的类属而言，通识教育、专业教育、素质教育不是一个类的概念。素质教育主要是一种教育思想，也兼具一种教育模式的意义，这种教育思想可以指导和贯穿教育活动的始终；而通识教育与专业教育则是两种教育类型，也可以指向两种教育模式，它们二者是相对的概念，通常作为大学本科教育的两个阶段或两个部分内容安排在教育教学体系或人才培养方案中。

从概念的对象而言，通识教育、专业教育是直接指向知识的，它们更多和课程有关，由课程体系安排来实现；而素质教育是直接指向人的发展的。从与知识的关系方面，"素质教育是由目的而指向知识内容，而通识教育是经由知识之选择指向目的"，通识教育落脚在知识上，素质教育落脚在素质上。① 素质教育一点也不忽视知识，但是，它是在更深层的意义上思考知识并进一步经由知识走向智慧。因而也可以讲，素质教育是通识教育的灵魂，是通识教育的终极意义。

从概念内涵而言，素质教育本身包含与容纳着通识教育与专业教育的内容，而通识教育与专业教育都可以反映素质教育的思想。在教育实践中，如何解决好通识教育与专业教育的关系，是推进素质教育进程的一个重要问题，也是难点所在，主要表现在大学教育学科结构的设置、人才培养方案的设定、教学体系的安排、课程教学的目标、实践活动的设计等方面，这是大学素质教育落实在人才培养体系中的重要载体，也是通识教育与专业教育实现目标的经由途径。

三、素养目标导向的素质教育再出发

素质教育是在中国高等教育实践中生长起来的教育思想。经过 30 多年的发展，素质教育思想已经深入人心，深深地扎根于我国高等教育改革实践，对我国高等教育发展发挥了积极的促进作用。在我国高等教育发展史上，中国教育在"跟跑"西方国家教育思想和教育模式的过程中不断获得正反两方面的经验和教训，究其根本，还是要建立具有中国特色的社会主义高等教育体系，形成我们自己的高等教育理论思想和改革实践。应该看到，素质教育作为我国 20 世纪 90 年代提出的教育思想，由于眼界、机制和传统高等教育文化的影响，在推进教育理论与实践根本性创新发展方面仍受制于一定的条件和局限，尤其是作为一种新

---

① 张楚廷. 高等教育哲学通论［M］. 北京：高等教育出版社，2010：240-241.

的高等教育文化的主导地位还没有确立起来。在跨入新世纪、面向新时代的今天，教育的内外环境都发生了极大变化，核心素养作为新时代国际性教育主题的推出，更给素质教育在时代特性方面注入新的内涵，使其在新的历史背景下重新焕发出新的生命活力，其应用性、针对性、可操作性更强，更具有普适意义。在新的时期，以培养学生的核心素养为目标，推进素质教育的思想再丰富、再深化、再创新，进而引领教育实践改革发展具有十分重要的意义。

（一）推进素质教育发展是中国特色社会主义"立德树人"根本任务的现实目标，具有显著的时代特性

素质教育的核心是人文素质，人文素质的核心是世界观、人生观、价值观问题的体现，如何做人，始终是一条红线，贯穿各层次教育的始终，起着最为基础性的作用，因而，素质教育始终贯彻社会主义"立德树人"的育人目标。1994 年 8 月，《中共中央关于进一步加强和改进学校德育工作的若干意见》提出，"增强适应时代发展、社会进步以及建立社会主义市场经济体制的新要求和迫切需要的素质教育"，这是中央文件首次正式使用"素质教育"这一术语，自此，素质教育开始成为我国教育政策中一个重要而明确的指导思想，近 30 年来始终作为国家教育方针政策致力推动的一个主题。2019 年，党的十九大报告提出："建设教育强国是中华民族伟大复兴的基础工程，必须把教育事业放在优先位置，深化教育改革，加快教育现代化，办好人民满意的教育。要全面贯彻党的教育方针，落实立德树人根本任务，发展素质教育，推进教育公平，培养德智体美全面发展的社会主义建设者和接班人。"这是第一次在党的代表大会的报告中提出"发展素质教育"。"'发展'是对素质教育的新要求，从'实施'素质教育转向'发展'素质教育，表明了党和政府推进素质教育的立场更加坚定、方向更加明确，昭示着素

质教育进入了新阶段。"① 新的时期，在中国特色社会主义新时代与全球一体化的视域和语境下，素质教育需要不断推进教育理论与实践创新，进一步充实、丰富和发展中国特色的本土化的教育理论，指导和解决时代教育改革的突出问题，在这个前提下，核心素养与素质教育的融会与对接显得尤其必要，以培养学生核心素养为主题的素质教育更显示出穿越时代的强大生命力。

（二）素质教育是中国教育理论本土化的创新，具有鲜明的问题导向，更是我国教育始终坚持改革发展的主题

素质教育之所以经久不衰，根本在于以"育人"为核心使命的教育价值观内在地反映了教育的本质。教育的根本宗旨是育人，是提高人之所以为人的整体素质，铸造人的精神世界，构建人的"文化生命"，提高人的素质。从这个意义上讲，教育就是素质教育。素质教育提出的初心，是针对教育过程中的"功利主义"，扭转教育片面注重应试以及过度专业化的错误倾向，培养全体学生的人文情怀、创新精神和实践能力，培养出活生生的、有血有肉、有思想、有感情、有个性、有创造、有真善美内涵、有精神境界的"人"而非"制器"。杨叔子先生指出，针对中国大学教育的实际问题，素质教育的目标，一是针对忽视人文教育的现象，解决做人的问题；二是加强民族文化教育，解决做中国人的问题；三是解决科学文化和人文文化交融，解决人的精神境界问题，解决做现代中国人的问题。② 长期以来，素质教育发展面临的种种问题和困境，很大程度上源于对"育人"这一初心的背离。新时代发展素质教育回归育人为本，就是重申培养全面发展的人是教育的核心主题，推动教育的内涵发展，切实提高教育质量。

---

① 杨兆山，时益之. 素质教育的政策演变与理论探索［J］. 教育研究，2018（12）：18-29.

② 杨叔子，肖海涛. 文化素质教育是中国教育理论和实践的创新：杨叔子院士专访［J］. 苏州大学学报（教育科学版），2021（2）：51-57.

（三）素质教育作为一种贯通性的教育思想和教学模式，有利于促进形成以核心素养为导向的全方位人才培养体系，推动高校人才培养体系的创新

素养导向的育人目标，促使把素质教育作为大学教育教学活动的核心指导思想，建立起核心素养目标导向的人才培养体系，把素质教育富有成效地落实到人才培养的全过程，通过自觉设计明确的素质教育培养目标，创新素质教育知识体系和培养模式，建构和营造有利于素质教育的大学制度和文化环境，真正以素质教育为杠杆推动人才培养体系创新，这是以目标推动教育体系创新的现代教育发展的创新路径，也是在高校综合改革中一个达成普遍共识的创新型教育探索。素质教育关注的是人自身素质的全面发展，作为一种教育思想，可以指导贯通整个大中小学的一体化教育实践，而且在教育发展的各个不同阶段都有更大的创新发展空间，在高等教育普及化时代尤其焕发出新的生命活力。别敦荣教授认为，中国高等教育发展到普及化时代，尤其应该推动素质教育发展，建立以素质与质量为核心的高等教育文化，树立以学生为中心的教育观念，围绕学生的学习和发展、围绕学生的素质提升、围绕学生的人格养成来开展教育行动，以适应普及化时代我国高等教育中国特色、适应性、多样性、个性化的时代特征。因而，发展普及化高等教育，应当准确把握素质教育思想的精髓，遵循素质教育的核心意旨，采取有效的策略和措施，全面推进素质教育，以学生核心素养为目标推进人才培养体系改革，使高等教育在规模扩张的同时，建立以发展学生素养为目标导向的高等教育文化①，推进素质教育在新时期再出发。

---

① 别敦荣，夏颖. 发展普及化高等教育与素质教育 [J]. 中国高教研究，2017（7）：17-21.

第二节　建构素养目标导向的知识教育体系

知识是高等学校最基本的生产材料，知识教育是人才培养体系的核心内容，是实现人才培养目标的关键环节。知识教育体系包含课程知识体系、人才培养模式、教学活动安排等要素，通过确定"教什么"与"怎么教"而培养人才的知识结构以及素质结构。在高等教育"双一流"建设特别是着力推进一流本科教育的形势下，实施以学生核心素养目标为引领的素质教育，是新时期人才培养体系教育理念、教育思想、教育实践全方位的改革推新。当前，人类社会由科学技术的飞速发展带来了知识体系的巨大变化，高等学校以新工科、新文科、新医科、新农科带动的学科知识教育成为新一轮教育教学改革面临的巨大挑战，如何建构一个科学的、适切的知识教育体系更成为推动教育教学改革的重中之重，这是关于知识教育体系的设计——回答高等学校"什么知识最有价值"以及对学生"教什么"的重大问题，只有科学地解决了这个问题，才能进一步围绕素养形成的课程目标，研究与回答"怎么教"的问题，推动学生核心素养人才培养目标的有效达成。

一、以"四新"为标志的学科知识新挑战

当今时代，第四次工业革命带来了科技与教育的革命性创新时代，人类知识的发展出现了新的特征：一是知识量的爆炸性增加，二是学科交叉的趋势越加明显，三是知识交融的背景更加复杂多变。一个显著的标志是，高等学校转向高质量发展阶段，以新工科、新医科、新农科、新文科（简称"四新"）为代表的新的学科知识体系的建设与发展成为高等教育应对科技革命和国际竞争挑战的战略性选择。以新工科为

例。什么是新工科？新工科主要对应的是新兴产业，如人工智能、智能制造、机器人、云计算等，也包括传统工科专业的升级改造。所谓新工科建设是高等教育为了应对新一轮科技革命与产业变革的挑战而采取的积极行动，是以新技术、新产业、新业态和新模式为特征的新经济对高等工程教育改革的强烈需求。新工科的"新"不仅体现出新工科的建设内容之新，也揭示出新工科建设所蕴含的学科建设和高等教育改革的理念之新；同时，新工科还突破了学科和专业的边界，集学科属性和专业属性于一身，既包括学科知识体系又面向社会需求，要推动现有工科交叉复合、工科与其他学科交叉融合、应用理科向工科延伸，孕育形成新兴交叉学科专业。"新工科建设强调了不同学科之间的交叉与融合，这种交叉融合和以往大多发生于相近学科之间的交叉与融合不同，它突出了任何学科和工科交叉融合的可能性，如理工交叉、文工交叉、经工交叉等。"① 新文科同样体现了学科融合与交叉的特点，既是对当前学科划分越来越细、学科门类"各自为战"的一种"反拨"，同时也是对时代飞速发展过程中新的知识信息及其学科生长点的添加与整合；新文科覆盖了包含哲学、经济学、法学、教育学、文学、历史学、管理学、艺术学等多种学科门类，总体是要加大现代科技特别是人工智能信息技术的融入，加强学科与社会的结合，用中国理论科学阐释中国制度和中国道路，壮大和弘扬文化软实力。

以上这些学科知识的变化，是高等教育走向高质量发展阶段知识教育面临的新形势、新变化，也是新挑战，需要高等教育打破传统的知识观、学科观、专业观、教育观，重新审视知识教育体系的确立。首先，对信息时代、知识经济时代的知识要重新认识，大学教育有限的学习时段与无限的知识学习是一个矛盾，因而知识教育必须做出选择，确立

---

① 刘吉臻，翟亚军，荀振芳. 新工科和新工科建设的内涵解析：兼论行业特色型大学的新工科建设［J］. 高等工程教育研究，2019（3）：21-28.

"什么知识最有价值"，这是课程知识体系设计的基础；其次，学科的融合与交叉使单纯的专业教育不能适应时代对人的要求，传统的学科门类的划分、专业教育体系的设置必须改革，大学教育对通识教育的呼唤比以往更加迫切；再次，学科知识的融合是一个复杂的教育创新过程，不能为了融合而融合，而要根据社会需求与人的发展需要，找准交叉融合点，实现不同学科间的"有效联姻"，从而走出单科教育发展的"孤岛"，这在课程教育体系中是一个教育教学改革的难点；最后，最重要的一点是知识教育必须以知识本位转轨到人的素养本位，以人的主体性与创新性来推动复杂知识在学习者自身的内在交融，实现知识的创新、融合、可迁移、可持续，从而达成创新人才培养的目标。

二、核心素养目标联结知识体系的基本路径

（一）建设通专融合知识体系的基本共识

在一般认识中，通识教育和专业教育是两种相对方向的教育模式，两者在价值追求、教育理念、教学内容、培养路径等环节均存在严重张力。在高等教育中对于过度专业教育的诟病往往集中在"知识专业化倾向、能力的专业思维定式以及人的个性、情趣的专业化特点"等[①]，这样造就了"专业化了的人""单向度的人""经济动物""科技动物"等；而通识教育指向"培养全面发展的、完善的、和谐的人"，这是高等学校推行通识教育的最基本的合法逻辑。但是，在教育实践中问题表现是非常复杂的。专业教育作为高等教育的本质特性，仍然是现代社会发展的不可阻挡的必然规律，这是不可以也不能够否认的事实，任何夸大通识教育有用性而贬抑专业教育地位的思想和做法无疑都是违背教育发展规律的。毋庸讳言，如果单纯强调通识教育而排斥专业教育，使得

---

① 李曼丽. 再论面向 21 世纪高等本科教育观［J］. 清华大学教育研究，2000（1）：
81-87.

所培养的人在专业化、职业化的发展道路上举步维艰，很难在现代社会中享有满意的工作和生活，这本身也是与培养全面发展的人的目的相违背的。随着信息化、全球化、知识经济时代的来临，人类在走向未来社会的征途中建构命运共同体的使命成为现实，时代对人才的要求越来越趋向于一个特点，即高度的专业化与高度的融通性的结合。因而，在推进教育现代化的进程中，如何在通识教育与专业教育的融合发展中以素质教育为目标，一方面推进学生全身心综合素质的提高，另一方面能使学生在至少拥有"一技之长"的基础上良好地适应快速发展的经济社会，这是高等教育始终面临的一个核心问题。

我国百年以来的高等教育发展史，特别是新中国成立 70 年的改革发展实践，积累了丰富的经验，也总结了不少教训，得以在一些基本的教育思想方面达成了共识。例如，在关于大学实施通识教育或专业教育的问题上，高等教育界基本上形成了比较一致的意见，即从人的全面发展的角度出发，走通专融合之路，推进学生"成人"与"成才"统一和谐发展。从理论上，通识教育代表了高等教育的"内适性"，而专业教育满足了高等教育的"外适性"，只有理性的行动主义可以促进两者的融合，使高等教育在回应社会的需求的同时，促进人的完善发展。21世纪以后，人类社会知识发展呈现综合、互融、交叉的发展态势，更使得跨学科领域知识教育的问题成为大学教育教学改革的一个显性问题，在如何科学设置课程体系与教学方案的问题方面，各个国家教育领域都在为此做出不断的探索。事实上，20 世纪后期以来，世界上大多数国家高等学校通识教育与专业教育相互融通的趋势在不断加强，二者之间的联系越来越紧密，你中有我、我中有你，相向而行、相互融合，以科学、综合、交叉、融通的课程体系与教学活动促进大学生整体素质的提高。

（二）对通识教育"通"与"识"的深化认识

通识教育在推进素质教育、发展学生的核心素养方面具有不可或缺的重要价值。那么，如何深刻地认识和理解通识教育？必须承认，在有限的大学教育学习阶段中，要求学生完全达到知识体系的"通达"程度，成为博古通今的"通才"是不现实、不可能的。在高等学校的学习中，"通"与"识"究竟要体现出什么样的意义，达成什么样的效果？这一点必须深入认识。学者宫福清认为：通识教育中的"通"不是通才的"通"，要求学生什么都知道，而是贯通的"通"，即学生要学会融通不同学科的知识，遇到问题时能够从比较开阔的视角进行思考，搜集资料，与人交流合作，能够与不同文化、不同专业知识进行沟通，强化"贯通""联通"与"融通"。① 这就包含了学生核心素养目标中文字理解能力、信息获取能力、与人的沟通能力、合作能力等，通过通识教育培养学生的这些素质十分必要。而"通识教育的'识'从本义上有穿透、洞察表象之意，指向学生基于广博的、跨学科知识的学习而达成的对现实问题的关注、理解与洞察的能力。这方面指向超越学科知识而对社会现实联系、关注与体验的能力，使书本知识转为'活'的生命体验知识，经由知识转化为智慧"②。这就指向培养学生核心素养的认知能力、理解能力、思维能力、心智发展等。推进通识教育实践不能仅关注其知识边界，更要着眼于关乎人的心智自我解放的通识素养的发展。美国高等教育关于通识教育的研究与实践积累了丰厚的思想。著名的高等教育学家博耶早就指出，通识教育的最终目的是在专业化的时代为每一个学生提供发现人类共同经验的机会，让他们更好地理解自我、理解社会、理解我们生活于其中的世界。为此，大学教育应该使一个学科的有关内容涉及另外一个学科。学科之间的桥梁必须建立起来，课程与生活的密切联系也必须建立起来。正是基于这一思想，博耶提出

---

① 宫福清，王少奇．再释通识教育之"通"与"识"[J]．教育科学，2021（3）：75-81.
② 宫福清，王少奇．再释通识教育之"通"与"识"[J]．教育科学，2021（3）：75-81.

了著名的"综合核心课程计划"：所有学生必须通晓七个知识领域，即语言、艺术、历史、制度、自然、工作、认同。如果这七个领域能得到适当发展，将会有助于学生理解自己不仅是独立存在的个人，而且是人类社会的一员。① 经过一个世纪的发展，美国大学通识教育已经从早期的古典知识教育、学科知识教育转变为一种融通教育，即超越了一般知识和学科教育，成为一种综合素养和能力教育。美国的经验应该给我国大学教育以重要启示，这是高等教育阶段着力培养学生核心素养，使学生形成理论涵养、知识素养、人类意识、创新思维等通识素养的有效途径。

（三）基于核心素养目标的通专融合的基本路径

应该看到，从我国大学的普遍状况看，通识教育发展还处于初创时期，各类大学的努力还主要停留在推广通识教育的概念、开出通识教育课程的阶段，专业教育往往与通识教育处于两个阶段或存在"两张皮"的现象，在二者的有机融合的路径方面仍然处于摸索阶段。改变这个现象，首先要从观念上解决学生培养"做人"与"做事"的人为分割思想，从核心素养的目标框架出发，把通识教育与专业教育在课程教学以及实践活动中联通起来，其中，科学有效的课程设置是重中之重。在策略方面，要根据学科专业特点，寻求与我国国情和本校校情相适应的二者相互融通的有效路径。② 一是改变"通低专高"的课程结构，建立通识教育与专业教育全程不断线、互相支持、互为补充的教育教学体系，摒弃通识教育课程为专业教育打补丁的现象。二是将融通性比较强的专业课程纳入通识教育课程范畴。实际上，通识教育课程与专业教育课程之间本来没有明确的界限，要保持通识教育的开放性，依据学生核心素

---

① ［美］欧内斯特·博耶. 美国大学教育［M］. 复旦大学高等教育研究所，译. 上海：复旦大学出版社，1988：122.

② 别敦荣，齐恬雨. 论我国一流大学通识教育改革［J］. 江苏高教，2018（1）：4-12.

养目标与新工科、新文科的建设需要及时开发新课程、纳入新课程。三是组织和开发兼具通识与专业教育性质的教育实践活动。如部分大学开展的"尖峰体验"活动、科技竞赛活动、主题夏令营或冬令营、学术活动工作坊等，都是比较有效的融通识教育与专业教育于一体的教学形式。四是将通识教育的要求贯彻到专业教育课程教学中去。专业教育不只是单纯的知识和技术教育，要结合新工科、新文科等的时代要求，将知识和技术的应用与人、社会和环境密切联系起来，重视学生的态度、情感和社会环境伦理的养成。这样不仅有助于开阔大学专业教育的视野，丰富专业教育的内涵，而且对于培养学生的宏观思维、综合思考与理解能力具有重要作用，有利于学生核心素养的养成。

三、创建"以学生为中心"的深度学习机制

核心素养目标引领的人才培养体系的宗旨，最终体现在学生知识、态度、能力、素质的高水平发展，因而，作为教育对象的学生，既是教育教学改革的出发点和立足点，也是教育目标达成的落脚点和最终归宿。任何教育过程的推进，如果没有学生的主动参与，都会沦为无根之木、无的之矢。为此，素养目标导向的知识教育，最终的落脚点还是学生主动参与的深度学习。正是基于这样的基本事实，在面向 21 世纪教育改革的浪潮中，"以学生为中心"的思想成为得到世界各国普遍认同的教育理念，成为高等教育教学改革的指导思想之一。"以学生为中心"作为一种教育理念，具有丰富的思想内涵，实质是倡导把学生视为学习过程的主体和教育改革的主要参与者，教师作为学习过程的组织者和主导者，推动整个教学过程从"以教师为中心"向"以学生为中心"转变，关键在于创建学生主动的、创造性的深度学习模式，指向学生核心素养的形成。

（一）"以学生为中心"教育理念的深刻内涵

"以学生为中心"的教育观点首先由美国心理学家卡尔·罗杰斯在1952年提出，其后在美国教育改革实践中不断深化发展，形成了世界上具有代表性的以学生为中心的"SC改革"（student-centered）。美国SC改革又称"新三中心"，这个"新三中心"是针对过去的"老三中心"而言的。所谓老三中心是指教学"以教材为中心、以教师为中心、以教室为中心"，这是传统上教师传授模式的典型概括，这个总结同样适用于我国的传统教学。SC改革的"新三中心"，指教学"以学生发展为中心、以学生学习为中心、以学习效果为中心"：以学生发展为中心，指向教育教学的最终目标是为了促进学生发展；以学生学习为中心，即教育过程从教师中心转向学生中心，强调教育要以学生和学习为目的，教学只是帮助学生有效学习的手段；以学习效果为中心，则是进一步地强调"学"是手段，"学到"（效果）才是目的，而且关注学习效果，不仅是为了保障目标实现，还要为学习与教学提供及时反馈，以确保学生能够有效学习，教师有效教学。① SC改革作为一种新的教学思想和教学模式，对于培养能学习、会思考、能解决问题、有创新能力的一代新人具有重要作用。

关于SC改革，华中科技大学赵炬明教授通过多年来对美国本科教育教学改革理论与实践深入系统的梳理与总结，对此进行了系列的专题研究。他特别指出，为什么要实行"以学生为中心"的本科教学改革，人们从思想理念已经进行了很多很好的说明，但最根本的原因，"不是因为它更道德，而是因为它更科学！"这主要是因为实施"以学生为中心"教育教学改革有着科学的认知心理学基础和教育心理学规律。根据脑科学与认知心理学的研究，人在18岁至22岁的阶段正是大脑发展

---

① 赵炬明，高筱卉．关于实施"以学生为中心"的本科教学改革的思考［J］．中国高教研究，2017（8）：36-40.

抽象思维能力的阶段，这个阶段正好是大学本科教育阶段，因此，着力培养学生的系统抽象思维能力和理性思维能力，是大学教育对大学生发展的最重要贡献。从这个意义上讲，教学过程也是改变学生大脑的过程，"新三中心"的第一层意义"以学生发展为中心"，实际上"特指学生心智（mind）和大脑（brain）两方面的发展"①。学生的学习状态与学习效果如何，正是在这个生理与心理基础上向前推进的。如果错过了这个关键阶段，就会导致大学教育失去了推进学生发展的最有利的黄金时期，进而影响学生后期的职业发展与个人拓展。

美国 SC 改革给我国教育教学改革思想以深刻的影响。我国自 21 世纪以来"以学生为中心"的教育发展理念，主要"立足于学生作为独立个体和社会成员的成长和发展需求上，凝聚在学生主动投入、积极探索的学习过程中，体现为学生延续终身的学习能力与发展潜能的全面提升"（中国高等教育学会专项课题研究组发布，2017）。这是关于"以学生为中心"教育理念的中国话语体系的一种表达。清华大学对"学生学习"做出持续深入研究的史静寰教授强调了这是一种"以学为本"的深刻思想，体现了以人为本的教育发展观，包括三层含义②：第一个以"学"为本指代学生。学生既是教育的对象，也是教育的结果，学生作为独立自主的学习者，凸显学生在教育中不可替代的主体地位与作用。第二个以"学"为本聚焦学习。学习是学生的主业，是学生获得知识、认识世界、了解自我和社会的主要途径，教学应该成为培养学生爱学习、会学习、主动投入学习、从学习中成长的重要过程。第三个以"学"为本强调关注学校。学校是有目的、有计划的教育和学习活动集中发生的场所，任何教育改革如未真正深入学校并触及教学都难以真正

① 赵炬明，高筱卉. 关于实施"以学生为中心"的本科教学改革的思考［J］. 中国高教研究，2017（8）：36-40.
② 史静寰，王文. 以学为本、提高质量、内涵发展：中国大学生学情研究的学术涵义与政策价值［J］. 华东师范大学学报（教育科学版），2018（4）：18-27.

惠及学生，而不能使学生投身学习并从学习中受益则是学校教育的失败。因而，学生、学习、学校是构成教育的不可或缺的核心要素。强调"以学为本"就是彰显教育活动的本质所在，它不仅仅是一种理念，而且要具体落实在教育实践过程中、体现在日常教育评价上，从而成为整个教育改革和新型教育评价体系的组成部分。

（二）围绕素养养成的大学生深层学习研究

关于大学教育中的学生学习一直是教育学和心理学的研究难点。在教育学理论中，相对于在"浅层""碎片""机械化"教学模式中，学生以认知层面的低阶学习为主的学习目标，促成大学生的深层学习成为新一轮教学改革致力的目标。所谓"深层学习"就是强调学生积极参与式学习以及实现理解、迁移应用和创造性解决问题等高阶学习技能的高品质学习，也称为"深度学习"。大学生的深层学习直接指向知识意义的教学目标，直接关乎大学生核心素养的养成。我国教育研究在传统上比较关注基础教育和普通教育中的教学改革和学习研究，而高等教育关于学生学习的研究比较滞后。近十多年以来，在"双一流"建设和一流本科教育推进的热潮中，高等教育理论研究开始逐步向大学教育教学改革和学生学习领域发展，对大学生学习科学的研究成为新形势下推动大学教育教学改革的一个热点。理论界围绕大学生的深层学习进行了多种研究与探索，以引进国外学习研究成果或验证各种大学生学习或发展理论模型为主题内容，也形成了一些具有影响力的学习理论。目前，在国内具有影响力的大学生学习研究主要有清华大学参照美国 NSSE 开展的"中国大学生学习与发展追踪调查（CCSS）"、北京大学参考美国 NSSE 调查、UCLA 的 CSS 调查及厦门大学主持的"国家大学生学习情况调查研究（NCSS）"等。这些研究从内容方面包括对学习科学理论的深入剖析，更多的是通过对大学生学习的大样本调查并运用学习测量工具进行实证分析来研究探讨我国大学生学习存在的问题，进而提出相关的教学改进策略和建议。从研究成果方面，这些研究围绕大学生的学习投入、学习过程、学习效果等问题取得了多项有价值的研究成果，特别是开发形成了研究中国大学生学习的测量工具以及可靠的系列数据支撑，为推进我国大学生学习和发展提供了坚实的理论指导，有些研究成果直接运用在大学一流本科教育教学改革的实践中。

以南京大学吕林海教授团队对大学生深层学习方面的理论研究为例。团队研究认为，大学生深层学习包含两个层面："第一个层面是一种知识的理解和掌握阶段，这是深层学习的基础阶段或根基阶段，意味着学习者对知识本质内涵的把握和建构，即学习者通过同化和顺应等方式，建立对新知识的非人为的、实质性的理解；第二个层面是一种知识的综合和创新阶段，这是深层学习的高级阶段和深化阶段，它意味着学习者能基于已有的知识去创造属于自己的知识或反思他人的知识，并能对这些知识展开理性的判断和科学的评析。这两个层面既体现出一种深化和发展的过程性特征，但又彼此联系、相互影响。"他在比较了中美研究型大学本科生的深层学习后发现，"课堂讨论、同伴互动、师生互动、学习习惯、学习时间投入"等学习参与变量显著地影响着中美大学生的深层学习，而比较美国大学来说，中国研究型大学本科生在知识的理解和掌握及知识的综合和创新两个深层学习的构成维度上都明显不足。为此，提出建议：要真正怀抱"以学生为本"的信念，关注学生的深层学习，倡导参与式学习，重视参与式学习环境的营造，特别要关注互动性参与的加速影响效应，体悟中国学生学习行为的文化特质，这是实现中国本科教育质量提升的文化之道。[①]

在中国大学生学习研究方面具有显著影响的还有清华大学史静寰教授团队开展的 CCSS 研究项目。目前，基于对全球高等教育发展趋势的

---

① 吕林海，龚放. 中美研究型大学本科生深层学习及其影响机制的比较研究：基于中美八所大学 SERU 调查的实证分析［J］. 教育研究，2018（4）：111-120.

整体判断，以及中外学界对大学生学习与发展问题开展的理论研究与实证分析，CCSS 已初步建构起多视角、整体性的研究框架。① 这一框架将"大学生学习与发展"置于核心位置，将外部影响因素概括为"大众化""国际化""市场化"和"基础教育改革"四大方面，通过对这些因素进行可操作化定义和题项设计，使其具有可度量性，从而实现统计学意义上的数据采集。目前，CCSS 已形成了针对院校层面问题诊断的综合分析指标、面向课程设计和教学单位的过程诊断指标、帮助教师学生改进教与学的学习诊断指标三套指标体系。这三套指标体系充分体现了聚焦学生、学习和学校三个方面的"以学为本"的内涵，特别适用于中国本土教育情境，为中国大学生学情研究提供了可操作方案，可有针对性地为学校整体、课程教学和个体学习提供参考。史静寰教授团队还针对西方有关"高质量学习的主体性学习特征"的核心要素，对具有中国本土文化特色的中国学生学习尝试建立具有信服力的解释框架。例如，大学生主体性学习特质作为高质量学习的核心要素，在西方文化和教学环境中有自己的一套标准和特征体现，如内部的学习兴趣、深层的知识理解、积极的课堂提问等。西方学者基于这些特征，各有侧重地提炼和生成了深层学习、自我调节性学习、主动学习或参与等概念，产生了重要的学术影响。但是，在如何评价中国本土学生的学习实践时，会产生"中国学习者悖论"现象。针对这一现象，史教授团队综合考量传统文化和教育思想及现代教育教学情境的双重影响，结合 CCSS 调查的相关数据，构建起中国大学生主体性学习的解释框架，概括为："'学思结合'的认知策略、'内圣外王'的学习动机以及'敬师乐群'的校园人际交往。"② 这是

---

① 史静寰，王文. 以学为本、提高质量、内涵发展：中国大学生学情研究的学术涵义与政策价值 [J]. 华东师范大学学报（教育科学版），2018（4）：18-27.
② 张华峰，史静寰. 走出"中国学习者悖论"：中国大学生主体性学习解释框架的构建 [J]. 中国高教研究，2018（12）：31-38.

具有中国文化特色与话语体系的学习理论的一个成果，对于研究中国大学生的学习具有重要参考价值。

（三）目标改进：从知识评价转向素养评价

推进"以学生为中心"的大学办学理念，最终落实在高质量的人才培养，要检测高等学校的人才培养目标是否达成、达成的效果与程度如何等。为此，作为人才培养体系的最后一环，大学评价在高等教育教学活动中占据重要的位置。由活动—评价—反馈—目标改进所形成的闭环运行机制，是大学教育教学活动的基本运行规律。大学评价的标准与价值选择，反映了大学教育思想的基本价值取向，而人才培养目标是教育评价标准的基本来源之一。从某种意义上说，教育评价本身就是基于人才培养目标的评价，是为检测人才培养目标实现程度服务的。评价活动的功能就在于要通过人才培养目标来引导学生发展，根据人才培养目标来对学生发展做出价值判断：符合人才培养目标的知识、能力、兴趣、素养就是有价值的，不符合人才培养目标的就是没有价值的。人才培养目标改变了，教育评价必须要做出相应改变。大学以核心素养为导向的人才培养目标，必然导致对学生评价价值目标的改进——从传统的知识评价转向素养评价，这也是新时期高等学校推进素质教育的重要内容。

长期以来，从基础教育到高等教育，我国教育系统的"分数主义"甚嚣尘上，考试、分数、排行榜成为教育评价的主体标准，导致教育活动久治不愈的功利主义、工具主义的应试教育顽疾。何谓"分数主义"？国际教育界的界定是："基于碎片化知识的记忆与再现的纸笔测验得分的数值所显示的结果，来判断学生的一切（学力、业绩、能力倾向乃至人的价值）的一种思维方式。"① 高等学校从对学生的高考选

---

① 钟启泉．为什么要从知识评价转向素养评价［N］．中国教育报，2021-02-10（3）．

拔到大学期间学生的进步成长，考试分数一直作为主要的评价内容和方式在人才培养体系中占据主要位置，而其与人才培养目标达成的关系鲜有顾及与思考。多年来，教育界关于大学人才培养成果也做了大量研究。这些研究成果证明，按照高等学校立德树人根本任务下德智体美劳全面发展的人才标准来评价人才培养，会发现一个现象，即大量的优秀拔尖创新人才的成长与"分数主义"的相关并无完全对应的例证。美国哈佛大学教授麦克兰德（D. C. McClelland）对人的内在动机做了系统研究，他列举了大量证据，论证了传统考试、学校成绩与资格证明并不能预测一个人的学科知识、职务业绩与人生成功，明确指出测评"素养"比"知识"更重要。他认为，对于一个人职业的成功，知识也很重要，但是人的"情感与意志的自我调控力"等"社会情感能力"具有更大的影响力。我国教育学著名学者钟启泉教授认为，麦克兰德的发现对人才评价具有重要价值，包含三层意义：一是揭示了纸笔测验成绩不能充分预测在未来能否获得成功，在学习的过程中，要让学习者经历复杂的思考与高度的判断；二是表明了人的主观能动性与情感的自控能力、社会技能等非认知能力对于解决现实问题至关重要；三是提示了改革学校教育的学力目标与教育评价的方向——培育学习者成为出色的思考者而非记忆者，唯一的出路就是走向素质教育。①

2020 年 10 月 13 日，中共中央、国务院正式印发《深化新时代教育评价改革总体方案》，开启了推进中国教育评价改革的大幕。文件特别指出要破除教育界长期存在的唯分数、唯升学、唯文凭、唯论文、唯帽子"五唯"人才评价的顽瘴痼疾，指出要在"立德树人"根本标准的引领下，倡导在教育活动中推进发展性评价、增值性评价、综合性评价等形成性评价，倡导学校要形成科学的教育观、人才观、教学观、用

---

① 钟启泉. 为什么要从知识评价转向素养评价 [N]. 中国教育报，2021 - 02 - 10 （3）.

人观和评价观。这是新时期以教育评价为杠杆，推进"以学生为中心"人才培养体系改革创新的风向标。面对未来的发展，大学教育要在核心素养人才培养目标的指导下，重塑大学人才培养理念，改变目前"分高者胜"的学习评价常态，深化学生的核心素养增值评价，深化教师教学评价改革，推进大学教育教学由确定性知识授受为主向培养学生知识选择、建构和创新能力转变，课程体系和学生知识结构的设计要体现前瞻性、系统性和交叉性，鼓励彰显知识教学意义的课程教学目标。对学生的评价要着重考查学生的学习能力、知识建构能力、知识迁移能力和批判性思维能力，特别要重视学生的参与式和探究式学习，重构以学习能力和创新能力养成为核心的差异化、个性化质量保障体系，迎接对学生从德智体美劳的全面视角"画像"时代的到来，推进大学生核心素养教育的不断拓展和人才培养质量的持续提升。

第三节　实施核心素养的课程教学目标转化

　　学校人才培养目标的推进是一个科学、系统、有机、完整的系统工程，包括完整的教育教学体系、教学管理机制和学生发展过程。核心素养人才培养目标作为一种先进的教育理念，如何通过一定的知识体系、教育模式，完整地传达、体现与渗透课程教学体系，这是人才培养目标从战略计划向教育行动落实的重要过程。其中，课程教育教学是一个关键环节，对于作为教育者的教师提出了很高要求：必须建立人才培养目标下位概念的课程教学目标，在课程教学过程中以学生核心素养目标框架为依据，建构课程知识教学与学生核心素养之间的关联，实现人才培养目标的课程转化，以此推进高质量有效教学目标的达成。

一、建构学生核心素养导向的课程教学目标

关于课程转化，理论上一般认为是"将具有价值的抽象理念，依据教师教学与学生学习原则，逐步规划成为具体、可行的课程，以供教育有效教学、学生有效学习的过程"①。这个过程是课程教学目标建立和确定的过程，要从大学生核心素养培养的角度出发，建立核心素养目标与课程的联系。在具体方法上，可以把核心素养目标结构作为大学人才培养的中观目标向课程微观目标转化的中介桥梁，使大学人才培养目标具体化、显性化和结构化，使课程教学依据人才培养目标建立起清晰的、可见的、条理化的课程教学标准，帮助教师有的放矢地组织教学，建立有价值的知识点并挖掘知识点的育人功能，从而实现有效的教学目标，这是学生核心素养人才培养目标向课程教学目标转化的理论途径，中外高等教育教学改革为此做出了不断的探索。

（一）大学课程目标的 OBE 模式导向

21 世纪以来，高等学校的学生学习教育普遍认同一种风靡世界教育领域的"结果导向的教育模式"，即 OBE（Outcome-based Education）教学，这是一种以学习者为中心、以学习结果为导向的教育思想，这种教育思想自西方教育界提出后，广泛应用于一流大学课程设计、工程教育认证、课堂教学改革等领域的实践，取得了良好的教育成果。基于人才培养目标来构建课程目标在某种程度上也是 OBE 思想的一种体现：从人才培养的结果导向出发来设计课程，使人才培养目标向课程层面转化，其中包括整个课程体系的目标和单个课程的目标，形成培养目标宏观、中观、微观多层次结构的分解与转化体系，对课程教学以切实的导向和指引。首先，"课程的目标要与学校的整个学校育人目标相匹配，

---

① 吕立杰，李刚．核心素养在学校课程转化的层次分析［J］．课程·教材·教法，2016（11）：50-56.

要能明确在学生的培养方案中的位置；其次，需要设计能够达成目标的具体教学方法"；最后，"需要围绕学生的学习成效对课程进行评价，并提出持续改进的建议，从而形成课程建设的闭环"。① 2007 年，哈佛大学关于学校通识教育课程的设置，提出了明确的四项课程目标：一是要为学生承担公民责任做准备；二是让学生理解自己是传统艺术、思想和价值的产物，并将参与其中；三是为学生对变革做出批判性和建设性的回应做准备；四是让学生对个人言行在伦理方面有深刻的理解。而麻省理工学院则根据理工科的特点，对通识教育课程提出"强调实用、技术创新"以及对人类文化的深厚理解，这样应对学生综合发展，全面准备、应对生活各种挑战的目标。在这样的中观层面目标之下，针对每门课程对学生知识、能力、素质的培养都有明确而清晰的要求。2016年，清华大学通识教育课程体系的宏观目标是"培养具有宽厚的基础知识、多元的文化事业和敏锐的思维习惯，全面、均衡、和谐发展的人"，在这个目标指导下，其 85 门核心课程对知识掌握、能力、素质都提出了明确的要求，通过对其中的关键词梳理，可得出主要的目标要素：价值观、团队合作能力、思维方式、动手能力、创新意识、节能、绿色、文化艺术素养、科学素养、分析问题能力、表达能力、批判性思维、学习能力、阅读能力、写作能力等。清华大学以此建立了能力目标框架等级，为教师根据课程目标进行教学提供了导向性的参照依据。② 不仅如此，从单门课程的教学目标来说，还可继续提出分层目标的具体要求。例如，清华大学从 2015 年起开始要求理工科学生必修一门读写基础课程，强化学生的阅读与写作，以提升学生"批判性写作能力"。对于课程的要求，规定学生必读书目不少于 500 页，选读书目

---

① 苏芃，李曼丽. 基于 OBE 理念，构建通识教育课程教学与评估体系：以清华大学为例 [J]. 高等工程教育研究，2018 (2)：129-135.

② 苏芃，李曼丽. 基于 OBE 理念，构建通识教育课程教学与评估体系：以清华大学为例 [J]. 高等工程教育研究，2018 (2)：129-135.

在 5 本以上，读书报告不少于 2000 字，期末论文不少于 4000 字等，并通过反复批改而切实提高学生这两方面的能力。① 与此同时，也关注教师教学技巧，依据目标进行相关的培训，并在课后给予评估，使得课程收到了良好的效果。以上是运用 OBE 模式建立有效课程教学目标的良好例证。高校以培养学生核心素养为引领的人才目标，可以参考以上的模式，从核心素养的目标框架出发，依据大学教育教学知识体系的具体内容，向课程教学目标进行分层转化，实现学生核心素养培养的有效达成，这是推进核心素养从理论层面向教育实践深化的良好路径。

（二）核心素养视域下大学课程目标的"三维"建构

课程目标作为支撑大学整个人才培养活动目标体系的关键环节，是联通大学办学方向、人才培养定位与学科专业特质以及教育学习活动的重心点，体现着宏观层面"办一所什么样的大学"的办学目标、中观层面"培养什么人"的人才培养目标以及"如何培养人"的课程设计在内的整体理念文化。高等学校的课程与学科、专业紧密联系在一起，课程目标建构的核心内容在于"从学科知识中选择一部分最有价值的知识组成教学内容"②。通俗地理解，一个特定的专业选择什么样的课程组成课程体系、一门课程选择什么知识成为教学内容、一个课堂选用什么样的方法来使教学有效等，这些问题从根本上说就是课程目标的建构问题，也是课程价值的集中展现。根据现代课程经典理论——泰勒"目标课程"模式，课程建构的核心步骤是"确定目标、选择经验、组织经验、评价结果"③，这个理论可抽象为课程目标设计的三维模型，

---

① 苏芃，李曼丽. 基于 OBE 理念，构建通识教育课程教学与评估体系：以清华大学为例［J］. 高等工程教育研究，2018（2）：129-135.

② 周光礼."双一流"建设中的学术突破：论大学学科、专业、课程一体化建设［J］. 教育研究，2016（5）：72-76.

③ 施良方. 课程理论：课程的基础、原理与问题［M］. 北京：教育科学出版社，1996：13.

即课程目标价值导向的"价值维"、课程知识选择与组织的"技术维"以及课程效果评判的"评价维",这三个核心维度的把握、实施和推进实现了大学课程目标完整的建构过程。其中,作为课程设计的价值导向反映了课程设置的理念或方向,课程知识的选择与组织体现了课程目标建构的核心内容,而课程效果评价实质上也是人才培养目标在课程教学的转化成果与成效考查,这个评价结果可以反向来指导课程目标的完善与修正。以学生发展核心素养为导向,大学课程围绕促进学生发展的价值目标来设计课程,在课程知识选择与组织过程中反映和体现新时代学生核心素养目标的结构化要素,最终以课程促进学生发展的成效为标准对课程做出评价。在这里,核心素养体系既是课程设计的目标导向又是课程建构的标准依据,通过大学课程的"三维"目标建构引领课程深化改革、创新发展。

第一,价值维:彰显"育人"价值,推进大学课程教育性与学术性的统一。中国特色社会主义教育体系的建立始终把"人的全面发展"作为教育活动的中心。学生发展核心素养导向的课程建构,需要深刻把握大学人才培养体系"以学生为中心"的价值理念,突出大学课程在大学立德树人根本任务中的育人导向,以课程教学推进学生发展为宗旨建立课程知识体系,推进大学课程教育性与学术性统一,从根本上扭转大学课程的学科中心主义、见物不见人、知识与价值割裂等倾向,解决课程育人的本质问题。在此,课程目标设计有三个基本要求:

一是课程设置从学科知识中心转向突出学生发展需要。我国高等教育教学体系曾先后受到苏联凯洛夫教育学"智育第一、教学为主、教师中心"教学论思想以及欧美学术中心主义教学的影响[1],在长达

---

① 黄济,王晓燕. 历史经验与教学改革:兼评凯洛夫《教育学》的教学论 [J]. 教育研究,2011 (4):3-9.

几十年的发展中，基本上形成了以学科专业知识教育为主的课程模式，饱受诟病的课程教学冗长繁杂、结构老化、内容陈旧、学生厌学等都能够在此溯源，一个根本的原因就是课程设置没有突出学生的发展需求。核心素养体系的目标导向，突破学科专业知识体系作为人才培养方案的唯一内容依据，强调把学生发展需求导向列入课程设计内容，围绕学生的综合素质、终身发展、职业导向、心理需求、个性发展需求等方面来开发课程、组织课程、更新课程，这是目前世界先进教育体系中课程设置的一个特征，也是我国课程设置需要着力加强的方向。

二是课程设计突出学生"人格"养成的教育性意义。我国高校课程体系长期存在着固化课程结构、强化课程类型、课程刚性建设等问题，专业课、基础课严格分类，通识课、思政课各司其职，把思政教育与知识教学视为两类课程的事情，导致"育人"与"育才"的课程目标相互割裂，这是大学课程不能承载综合育人功能的显著表现。学生发展核心素养导向体现为新时代立德树人根本任务下全面深化素质教育的思想，强调课程的整体育人价值，课程思政正是这种整体育人理念下的创新策略，体现一种价值思想与知识教学相互融合课程导向，这是大学课程突出"教育性"价值的根本要求。

三是课程目标从知识教学到涵育学生生命关切。核心素养突出知识对于人的生命的关切，强调学生的思维发展、素养养成以及可持续的生命成长，因而导向课程教学突破学科知识的视域而涵育学生的生命关切，其关键点在于建立知识与人的联系。在核心素养的引导下，教师的课程教学要在学科专业教学中找到与学生信仰、精神、文化、心理乃至现实生活的结合点，从知识传授抵达学生的心智建构，"一是通过思维的形塑，促进知识融会贯通；二是通过向内反求，促进知识向人的精神底色、精神气质的转化"，使课程"重在发现学科对于人的发展的价值和意义，并通过具体的方案设计为这种价值实现提供教学路径"①，实现课程知识教学对人的生命的涵养、渗透与联结，使知识成为有生命力的知识，使教学成为有生命温度的教学，带来学生在人格、知识、思维、心理素养等方面的"激活"与变化。这种教学目标对大学教师提出"经师"兼具"人师"的更高要求，在课程教学中融"教书"与"育人"于一体，以"育人"统领教书，只有这样的课程教学才能真正融入学生生命，育德入心、化知为智，实现课程育人。

第二，技术维：突出跨学科思维，以高品质课程学术推进学生深度学习。OECD 提出的核心素养是"动态发展的，整合了知识、技能、态度、情感与价值观的集合性概念"，也可以理解为多维化的目标体系概念，其本质在于：它强调的不是知识，而是获取知识的能力和化育为生命气质的素养，这是把握核心素养推动课程创新理念的关键。高质量发展要求的大学生核心素养目标，通常集中于对学生"批判性思维、学习能力、知识迁移和建构能力、全球胜任力"② 的目标诉求，这反映了普及化时代高等教育人才培养目标的战略调整：从知识走向能力、从特殊能力走向通用能力、从专业能力走向跨界整合能力。这样的人才目标转化为人才培养与课程教育改革，就是要在课程内容的选择与组织上从确定的学科知识转向突出思维训练与学习能力培养，突出跨学科的课程整合，在课程教学的设计中从学生的"对象化"教学转向师生的"学习建构"，创设高质量的大学教学学术，从根本上推进学生的深度学习。在推进策略上，需要关注三个关键问题，推进课程教学改革。

一是以跨学科思维改造与建构大学课程体系。我国高校课程通常呈现不同专业组成的公共基础课、学科基础课、专业课或通识课等依次递

---

① 王一军. 大学课程新使命：再造知识发现、加工与传播的连续体 [J]. 清华大学教育研究，2020（4）：115-129.

② 张应强，张洋磊. 从科技发展新趋势看培养大学生核心素养 [J]. 高等教育研究，2017（12）：73-80.

升的"三层楼式"课程体系，这样的课程体系侧重知识教学且"各自为政"、关联度不强、缺乏与学生知识迁移与创新思维培养的内在联系。以学生核心素养为人才培养目标导向，应加强对传统课程的革新和改造，突出以跨学科、交叉学科的思维重构课程体系。比如，围绕人才培养目标，探索在横向上打破单向的分专业人才培养方案设计，在纵向上突破"三层楼式"课程构造，冲破课程设置的学科专业区隔，拓新跨学科的通用核心课程或通识课程，按照跨学科或交叉学科的课程设计战略提升课程设置的质量。

二是以学生能力培养为核心统合多元知识形态课程。近二十多年来，知识迭代速度的加快、知识生产模式与形态的改变成为大学人才培养的一个极大挑战，大学以"高深学问"为核心、以确定性知识授受为主要方式的课程模式受到严重威胁，大学课程面临内容、形态、技术、方法的全面转型。在这种态势下，现代大学课程日益呈现为一种高品阶、综合性、复杂化的课程建构"技术"，主要包含的内容有：其一是"知识选择与整合"——从浩如烟海的信息资源中寻求"最有价值的知识"并把它赋予"高深学问"的合法地位，使之"课程化"，这是大学课程纳入前沿知识、跨学科知识内容的重要步骤。其二是"知识加工与重组"——"在纷繁的信息、技术、文献、产品等中寻找知识的线索，以现有的学科概念加以论证，使之抽象化、概念化、原理化，生成某种学科的知识品质"[1]，特别是在知识第二生产模式下，这项工作更加复杂。其三是多元化课程形态的设计。现代课程的范畴已超越了传统意义上的"教学课程"，而是包含了"学生为获得学位所需要的一系列正规学术经历"或"学术规划"[2]，如专题讨论会、研讨课、座谈

---

① 王一军. 大学课程新使命：再造知识发现、加工与传播的连续体［J］. 清华大学教育研究，2020（4）：115-129.
② 鲍威. 大学教学课程的范式转换及其驱动机制［J］. 清华大学教育研究，2015（2）：97-105.

会、项目实习、实验课等各类学习经历和多种形式，这是现代课程发展的一个显著特性，其核心是将学生发展的需求放在首位，创设宜于学生学习的多元形态的学习平台或载体，这也是核心素养目标下现代课程技术、内容、形态革新的一项重要内容。

三是通过有效课程教学建构大学生深度学习。博耶把大学课程教学看作一种"综合学术"，强调在课程教学中融入知识的发现与探索是师生共同的职责，"大学的使命应该是大学里的每个人都应该是一个探索者和发现者。大学的教学任务就是让每个学生参与到这一共同的使命——探索、研究和发现中来"[1]，这是从大学课程教学学术的视角对学生建构主义学习观的再次强调。特别是在现代网络学习社会的背景下，学生可以从多种渠道获取知识，大学课堂从获取新知识的主渠道演变为一种知识交流、学习探索的场所，课堂的意义走向同一知识教学下学生个性化的知识建构，这样的学习已经成为"智慧的训练"，指向的学生深度学习，其关键点在于由学生核心素养目标对于课程教学的"要素化""结构化"及"整合化"目标导引。在此，教师的引领意义非常重要，不仅要把学科知识通过与教学方法、教学技术的整合成为舒尔曼所称的"学科教学知识"[2]，而且更重要的是把学生由课堂的"对象化"存在变为与教师一同建构知识的"学习共同体"，使课程教学达成师生在价值理念指导下知识选择与整合、教学引导与学习活动的目标协同，在这个过程中实现课程教学的"全脑教学""知识可见""思维发生"等有效教学目标，促进学生深度学习的建构。

第三，评价维：以学生发展的形成性评价为导向，推进课程目标转

---

① 张应强，张洋磊．从科技发展新趋势看培养大学生核心素养［J］．高等教育研究，2017（12）：73-80．

② 舒尔曼．实践智慧：论教学、学习与学会教学［M］．王艳玲，王凯，毛齐明，等译．上海：华东师范大学出版社，2014：155．

化。课程教学评价是大学课程目标建构的最后一个关键环节，核心在于将课程教学的目标依据与学生学习结果紧密联系起来判断课程教学成效水平，然后进一步反馈至课程设计环节予以修正和完善，这也是大学教学评价的核心内容，最少包含三个基本维度：一是课程开发与目标设计，是否达到优质的课程水准；二是教师的教学组织能力，是否通过有效的教学将课程知识转化为学生个体的"个性化""情境化"知识；三是学生核心素养目标的建构水平，是否实现了课程教学目标。素养本位的评价观导向从知识评价走向素养评价、从终结评价走向发展评价、从单一评价走向综合评价，这是当下课程教学评价以学生发展结果为导向的目标依据与评价标准，主要包含三方面主要内容：

一是以学生发展为目标导向的课程评价。在高质量发展的语境下，大学课程"金课"标准指向"两性一度"，即"高阶性、创新性和挑战度"。[①] 其中，"高阶性、创新性"两性的评价标准更多地指向课程知识的选择和组合，而"挑战度"则是面向学生发展的指标，强调优秀的课程设计必须是适宜于并促进不同阶段学生发展的课程目标。所谓课程"适宜性"也是课程科学性、可行性、发展性的表现，它强化课程以学生发展为导向，"与学生的内部经验具有连贯性，有利于学生内部经验的不断改造与扩展"；同时，又"符合学生的最近发展区。既能引起学生的挑战的欲望，又不至于太困难，让学生望而却步；不仅能激发学生在课堂上全身心地投入研究，而且会在课外自主地延续探究活动"[②]，这才是催发学生思维跃动、建构学生深度学习的课程意义。为此，大学课程评价应从传统的课程资源要素或条件投入指标评价转向课程结果导向的学生发展评价，这是以评价引导大学课程高质量发展的科学路径。

---

① 吴岩. 建设中国"金课"[J]. 中国大学教学，2018（12）：4-9.
② 岳欣云，董宏建. 素养本位的教育：为何及何为[J]. 教育研究，2022（3）：35-46.

二是突出课程教学学术能力的教师评价。现代大学课程的高阶性、复杂化、多样态对大学教师教学学术能力有着很高的要求，其中，课程的开发能力与教学的设计组织能力是教师教学的基本能力要求，也是大学教师在师德师风考查基础上综合教学学术能力评价的主要内容。① 课程设计能力是指教师的课程知识选择与统合能力，包含教师统合自己的研究成果或归纳别人的研究成果转化为课程知识的能力，这是大学课程体现研究与教学结合的创新性评价的重要内容，也是推进教师评价从单向的科研成果评价转向"综合学术能力"评价的一个重要方向。同时，一门优质的课程还体现在教师教学设计和教学组织能力的高质量标准，核心的指标是教师如何通过有效教学将课程知识转化为具有学生个体经验的"情境化"知识，促进课程知识向学生发展目标转化，推动学生核心知识素质体系的自我建构，这是课程的"公共性"知识向学生"个体知识"建构的关键环节。

三是强化知识应用能力的综合化学生评价。学生发展成果是大学课程教学目标的最终衡量标准，如何评价学生发展是大学教育改革的重要内容。知识传播网络化的时代，"大学的重点不再是帮人获得明确的知识，而是帮人获取属于默会知识的独立思考、科学方法、创新创造和应对不确定性的能力"②，核心是以"知识的应用"代替"知识的记忆"。因此，传统学生评价以考查"确定性知识"掌握的"成绩单"模式应予以大力革新。随着大学课程内容、形态、方法、技术的全面革新，研究性学习、任务性作品、技术发明等学习成果在学生评价中的运用已经较为普遍，特别是大学生的学习参与、学术融入、项目研究等学生主体参与度的测量与考评已成为教学评价的重要内容，这些评价内容从多方

---

① 周光礼，马海泉. 教学学术能力：大学教师发展与评价的新框架 [J]. 教育研究，2013（8）：37-47.

② 戚业国. 建设中国特色世界一流大学的逻辑起点 [N]. 中国教育报，2022-05-30（5）.

面弥补了单一课程知识"考试"评价的不足。在教育改革与数字化技术不断发展的形势下，大学生评价的"画像时代"正在到来，综合化学生评价正在探索出多样化的创新路径，如学生电子档案袋、综合学习者记录、学生素养积分卡等，一个总的趋势是，在学习成绩考查的基础上，更加重视学生的经验、经历记录，突出能力框架的发展评价等，使学生评价"超出了传统的认知和思维范畴，而走向知识、能力、经验、素质等的全方位刻画"[1]。

二、推进课程知识向学生素养养成转化

传统的知识本位观将课堂教学作为教师向学生传授知识的过程，往往从学科知识的逻辑出发，把系统的间接知识传授作为教学的主要任务，对课程效果的评估也是以学生掌握知识的程度作为标准来进行评定。这种知识本位观是中国教育长期以来形成的课堂教学传统，造成"本本主义"的教条式教育方式以及"应试教育"的直接后果，使知识教育与学生个体的认识、理解、体验、实践等相隔离，培养不出具有批判思维、创新能力的创新拔尖人才，这是中国高等教育在反思中一直致力改变或革新的地方。以核心素养为培养目标的教育实践，必须抓住课程教育这个中心环节，推进教师的课程教学从知识本位向素养本位转变，其关键问题绝不仅仅是教学方法论的问题，而是从对知识的正确认识到学生素养生成过程意义的一种教育哲学思想的深化和革新。

（一）对课程知识教学本质的深层次理解

什么是知识？"知识是人类认识的成果，它是在实践的基础上产生

---

① 赵婷婷，郭玉婷. 超越传统成绩单：数字技术重塑大学生学习"画像"[J]. 中国高教研究，2022（5）：20-26.

又经过实践检验的对客观实际的反应"①，作为本体的知识以社会精神产品的客观知识形态存在，具有客观性、普遍性和真理性等属性。② 知识作为这些具有客观性、普遍性、真理性的人类认识成果的基本表达是"符号"，符号可以是文字、定理、公式、数字等。那么，传统的知识本位教学就暗含着这样的假设：教学过程即知识符号的传输过程，教师通过向学生传授这些代表各科知识的符号组合，让学生阅读、记忆甚至背诵来掌握相关的符号，这样就能够获得相应的人类认识成果或历史经验，这些认识成果或历史经验就可以转化为学生个体的认识经验，这样就达到了课程教学的目标。大学的课程知识教学一般就是遵从这样的认识逻辑，按照学科的知识顺序，注重知识的系统性、条理化与文本化，完成完整的课程教学讲授和对学生关于知识符号的测试，理论上就可以认为学生完全地掌握了这门学科知识的基本内容。这种知识本位的教学观实质上就体现了一种对知识的"知识符号"认识观，将知识的价值简单地认同于符号本身。这种"知识符号观"存在的直接问题：一是从学科知识逻辑出发，没有将知识符号与学生个体联系起来；二是学生对知识符号的认识环节停留在"认知"或"记忆"的低级水平，而没有将课程知识上升到"知识意义"的价值来认识。

所谓"知识意义"的课程教学，是"使学生获取知识为任务而非目的，其目的是使学生通过知识学习形成相对应的认识、情感、态度、价值观念和实践能力，使知识成为促进学生发展的过程性资源。因而，对知识教学本质的认识应从知识的文本意义和其对学生发展意义的'知识意义'维度来揭示"③。知识超越符号本身，是指知识的意义或价

① 中国大百科全书总编辑委员会. 中国大百科全书：哲学Ⅱ［M］. 北京：中国大百科全书出版社，1987：1169.

② 石中英. 知识转型与教育改革［M］. 北京：教育科学出版社，2001：129-130.

③ 刘桂辉，陈佑清. 知识教学本质的遮蔽与超越［J］. 中国教育学刊，2016（7）：17-21.

值与学习知识的对象开始发生作用，"知识教学即通过知识和学生的相遇，促使学生发现和追寻知识的意义，进而在知识意义的获得中增进自我生存的意识和生命意义的过程"①。知识本身具有两个层面的意义，一是文本意义，二是对人的内在价值意义，这两个意义的同时获取是课程教学最大的价值所在，具体表现在教师的课程教学使学生在知识的获取过程中，不仅通过知识的符号表征获得对客观世界的认识，而且能够从对知识意义的理解中建构起自身需要、期待、情感态度和价值观念，将知识与自我生存意义的丰富和精神境界的提升联系起来，获得过程即知识的意义与人的精神世界融合的过程，这种自主性精神建构是建构主义教育心理学倡导的主要教育活动，体现了教师具有超越意义的高水平教学的内在品质。那么，这种教学的本质需要回答一个问题，即学生的认识能力或理解能力是怎么发生的。著名哲学家涂又光先生从教育哲学的认识发生论提出了一个鲜明的观点，即人的"直观"与"反思"的作用。这是强调学生在学习间接知识（书本知识）的过程中，必须有学生个体经验的参与，还必须有学生的批判性"思维"的活动，这样才会形成对事物的高阶水平的认识和理解。②这个论点给大学课程教学的启示是，仅从学科知识的逻辑去组织教学是不够的，教师作为课堂教学的精心设计者，将学科的知识体系与学习对象——"学生"，有目标、有方法、有逻辑路线地建立联系是课程教学成功的关键因素。

（二）建立核心素养与课程知识的内在联系

首先，核心素养作为课程内容的选择依据。目前，课程教学实践中的难题是浩如烟海的知识信息量太多且更新速度太快，基础性知识的老化态势很明显，而应用性知识的快速更替又让人无所适从，学科基础理

---

① 刘桂辉，陈佑清. 知识教学本质的遮蔽与超越［J］. 中国教育学刊，2016（7）：17-21.

② 涂又光. 教育哲学课堂实录［M］. 武汉：华中科技大学出版社，2020：18-20.

论与学科发展的热点、难点对接更是错综复杂、难于把握。核心素养作为统合人的知识、技能与态度的综合结构，包含了社会需要与人的发展的核心性要素，对这些核心要素的结构性分解，应该为教师选择学科的课程知识做重要的参照依据。比如，《中国学生发展核心素养》的三大方面"文化基础、自主发展、社会参与"以及六大维度的相应分类目标，每门学科知识内容都应该能够从中找到主要对应的相关内容，经过这些结构性核心因素的提炼与组合，学科知识的理论基础、现实需求、文化内蕴都能较为清晰地得以条理化与层次化，使其更加符合新工科或新文科知识对知识融合的要求。如哪些知识点可解决学生的人文视野，哪些知识点可解决学生的科学思维，哪些知识的理解要与学生的个体实践建立联系等，这些教学内容都可以通过核心素养的目标引领实现结构化与条理化。不仅如此，教材的编选、教学方法的应用也是如此，如果改变单纯以学科知识体系为依据的路径，而转为从学生个体核心素养生成的路径，会使课程教学发挥更加有效的价值。

其次，核心素养引导教师实现有效知识教学目标。课程教学除了对于课程知识内容的选择，还要注重对知识内容的理解和把握。不论是西方国际组织的核心素养目标框架，或是中国学生核心素养要素，都是从不同视角出发、经过提炼或验证的关于知识、技能、态度的人才培养目标的核心要素，这些要素可以帮助教师对学科知识内容进行深层次的认识和理解，使其超越知识的"符号意义"而指向知识的核心价值，在这个基础上，引导教师把课程知识与社会价值导向、与学生身心发展结合起来，建立起书本知识与现实世界的联系，使课程知识成为"源头活水"，以达到有效教学目标。这样，学科知识就不会被表面的知识条目或测评分数"绑架"，而能够体现出一种价值意义的理解和把握。例如，《环境保护》在课程知识方面包括一系列的内容，体现出一门课程知识的"文化基础"内容。但是，如果依据"核心素养"的纲领，把这门课程与学生的"社会参与"要素结合起来，就可以使环保的文化知识与学生个人的价值取向、生活方式结合起来，使其在生活实践中推行低碳的生活方式，并推及社会伦理的方方面面，形成学生的价值观，这样才能实现有效的知识教学目标，提升学生的素养水平。在当下的课程教学改革中、在专业课教学中大力推进"课程思政"，这是一种教学思想的创新式变革，而核心素养的目标框架为实施"课程思政"提供了十分有效的纲领性目标依据。

最后，核心素养推进教师课程教学方法的革新。核心素养的要义在于将学生的知识、技能、态度成功地联结起来、调动起来、运用起来而成为自身的一种人格养成或心理素质，这种人才培养理念使教育教学的主体从知识转向学生本身，突出了学生自身对知识的"建构"意义，因而，传统的由教师单纯传授知识的模式必然不适应要求，这就促进教师必须实施课堂教学方法改革。当下，课堂教学方法改革也是大学教育教学改革的一个重要内容，如"翻转课堂""学生主体学习""研究性学习""项目学习小组"等启发性教学方法在教学实践中的探索方兴未艾，这些探索性教学实践都指向一个目标，即学生的自主发展，而核心素养人才培养目标成为其中重要的指导性纲领。

三、课程知识向学生素养转化的关键要素

课程知识如何向学生核心素养的生成进行转化？此问题须从素养内含的知识意义予以理解与分析。按照 OECD 对素养的定义，"素养是个体在特定情境中，调动认知与非认知的心理资源，成功满足复杂需要的能力"，这些心理资源包括个体的知识、能力与情感、态度等因素，素养即能够调动和运用这些因素来解决问题、胜任不可预测的复杂情境所需要的高级能力。因而，"素养所内蕴的知识论意义便在于摒弃传统知识观将知识视为现成概念或客观实体的知识信念，期待知识从客观符号、规律定理转化为具备资源活力、能够迁移与运用的

工具、资源，通过个体情境性、道德性的知识迁移，灵活运用解决问题，实现知识的价值，为素养的生成提供知识基础"①。在这个思想指导下，推进课程知识向学生素养的生成进行转化，教师要把握几个关键要素。

（一）建立课程知识的情境化特征

情景理论认为，"学习的实质是个体参与实践、与他人和环境相互作用的过程，是形成实践活动的能力、提高社会化水平的过程"②。情境化是素养内含的一个重要特性，素养是在复杂的情境中调动知识、能力等心理资源的能力，如果离开了真实的、鲜活的、特定的情境，那么，仅凭抽象的、符号化的知识就难以产生激活思维的力量。因而，在课堂教学中，注意把学科知识与情境结合起来，就意味着要努力使知识的掌握与运用以问题为导向，使知识在情境中的问题的步步推进与有效解决中来获得它的资源活性。素养包含在学生个体与情境的互动关系中，要通过运用情境中的问题激发学生的思考与探究，将知识从单纯的学科知识转化为等待验证的假设或探究的问题，在这个教学过程中实现知识的情境化、具体化，使学生的认知能力、创新思维伴随着情感的调动、激发而得以发展。所以，在课堂教学中，教师以问题为导向，建立模型、运用例证、问题分析等教学方法是知识意义教学探索的良好方法。

（二）将文本知识转化为个体经验或实践

知识的经验意义或实践特征意味着知识的获得并非依赖单纯静听或默记，而是体现为问题解决的探究实践和交往互动的社会性实践。素养是在学生与环境的交互作用中形成的，因而素养不仅包含情境化特征，也具有个体的体验性和实践性特征，有效的课程教学需要创造课程知识

---

① 张良. 核心素养的生成：以知识观重建为路径 [J]. 教育研究，2019（9）：65-70.
② 姚梅林. 从认知到情境：学习范式的变革 [J]. 教育研究，2003（2）：60-64.

的体验性，将学科知识与学生个体的经验结合起来、和学生实践行动结合起来，以此来融会知识、活化知识、养成素养。"知识的实践、行动意义意味着知识本身由实体性、现成性的名词'knowledge'转化为探究、交往实践的动名词'knowing'。"① 这是一种非常重要的教学论思想，即课程知识在一种行动中、过程中、经验中或实践中进行反思性学习或操作性学习，这个过程中包含对经验中失败教训的反省、实践探索中创新的尝试、应对环境变化中思维的调动等，体现了从"学以致用"到"用以致学"教学范式的转型，也验证了杜威"从做中学"的教育思想，这个过程正是学生核心素养生成的良好机制。反映在大学课堂教学中，教师要高度重视实践教学、问题教学、项目教学以及学生反思性学习的重要性，设计多样化的教学环节，将课堂知识教学延伸为课程教学活动，实现有效教学目标。

（三）注重学生知识学习的个性化特征

核心素养人才培养目标的建构体现了一种大学生的共通性目标需求，其中也包含了挖掘学生个体的潜能、促进学生个性发展的重要思想，素养本身就体现为个体的素养特征。实际上，所有的知识都是一种资源性的存在，只有进入个体的主观视野、为我所用，通过个体的运用与转化，才能促进个体素养的养成、实现个体的自我发展，这个进程不可能具有整齐划一性，而是体现着显著的个体差异。因而，课程知识教学在面向学生全体的同时，也包含尊重学生差异、促进学生个性发展的目标。信息时代是知识不断创新的时代，尊重个人自由就是尊重个人创造知识的权利，崇尚个人知识、培养拔尖人才已成为教育的时代特征之一。体现在大学课程教学策略中，教师应尊重学生选课的自由、学生理解的差异、学生创造的涌现，尊重学生的不同个性特征，针对学生不同的认知倾向、兴趣特征、经验特征，提供不同的教学活动形式，也可以

---

① 张良. 核心素养的生成：以知识观重建为路径［J］. 教育研究，2019（9）：65-70.

根据不同科目或不同内容给予学生不同任务、提出不同要求，引导学生用多样化方式表达学习，并对研究的成果给予分别评估或鼓励，这是大学培养创新拔尖人才、推进学生核心素养形成的重要内容。

第六章

中国话语的"三全育人"综合改革

　　党的十八大、十九大以来，以习近平同志为核心的党中央紧密围绕高等教育"培养什么人""如何培养人"的教育的根本问题，提出了一系列新理念、新思想、新论断。习近平总书记指出，"立德树人是高校的立校之本"，要以立德树人为核心、把思想政治工作贯穿教育教学全过程，推进高校构建全员、全过程、全方位育人的"三全"育人机制的综合改革，"三全育人"因此成为新时代中国高等教育为实现立德树人育人价值目标的主体话语。作为中国特色社会主义高等教育思想体系的一个重要内容，"三全育人"的提出，具有现实意义与时代特征，既是我国教育思想不断演变深化的理论成果，更是高等学校落实"立德树人"根本任务和根本标准的改革实践方略，其核心在于构筑高校"大思政"教育格局、推进大学价值观教育与知识教育一体化进程，培养德智体美劳全面发展的社会主义时代新人，这是大学育人目标在国家层面的总体反映和本质体现，也是建构大学生核心素养育人目标体系的价值统领与整体思想表达。

第一节　高校立德树人的价值目标

　　坚持把立德树人作为教育的根本任务和中心环节，把立德树人的成效作为检验学校一切工作的根本标准，这是新时代我国加快推进教育现代化、奋力建设社会主义教育强国的必然要求和基本方略，也是新时代我国高校的价值取向与功能定位。因而，立德树人在高校各项工作中具有统领性和根本性的重要地位，特别是对高等学校人才培养具有方向性、指引性、核心性的指导价值，是高等学校建构人才培养目标的根本遵循。

一、立德树人是高校育人目标的最高体现

中国高等教育开宗明义指出，"大学之道，在明明德，在新民，在止于至善"，明确指出了大学育人的根本目标是培养全面发展的人。"明明德"指的是修养人格，发展全人，是大学的本体要义，反映了教育的内部规律；"新民"即日日新、又日新，推动社会发展，是大学的功能体现，反映了教育的外部规律；而只有实现了人的全面发展与推动了社会的日新进步，教育才"止于至善"，达成使命之所在，这正是立德树人根本要义的全面反映。

首先，立德树人蕴含着对教育目的的本质体现。重视教育的道德价值在中外教育史上都有着悠久的历史传统。中国传统文化对优秀人才的衡量标准奉行"才者，德之资也；德者，才之帅也"思想，即德才兼备的人才标准，儒家传统文化思想的核心就是以"修己""立身"以达"治国""平天下"，这种教育思想贯穿我国几千年的社会发展史。西方高等教育也有着共同指向，虽然观点不尽相同，但普遍强调教育的道德价值。著名的教育学家夸美纽斯指出，教育的目的是要培养人的博学、德行和虔信的品质；人文主义思想家的代表卢梭更进一步指出，教育的根本目的就是要发挥人的主动性和创造性，培养身心发达、脑体健康、天性得到自然发展的人。19世纪美国要素主义、永恒主义的教育思想，都强调教育要传递民族文化、培养人的智慧和理性、塑造"完人"。雅

斯贝尔斯在其经典名作《什么是教育》中强调:"教育活动关注的是人的潜力如何最大地调动起来并加以实现,以及人的内部灵性与可能性如何充分生成。质言之,教育是人的灵魂的教育,而非理智知识和认识的堆集。"① 在德国古典大学的核心理念中,"修养"观念是比"科学"更为重要的中心概念,不仅指向人的个性养成与和谐发展,而且强调国家与民族精神意识的觉醒,这是德国古典大学观的基本出发点和归宿。以上东西方高等教育在人的培养职能与目标的基本趋同反映出高等教育的基本规律,即人的高尚品质的养成与教育是教育最高目的与核心价值的本质体现。

其次,立德树人反映了对人才培养规律的普遍认识。古今中外对人才素质的品鉴都是围绕品德、知识与才能三个方面来把握的,不同时期侧重有所不同,21世纪核心素养的人才培养目标框架从新的高度与层面体现了这个内容。当今时代,加强道德与价值观教育更是整个世界教育的共性问题,也是当前国际国内新形势发展的必然要求,顺应了世界人才培养的潮流,引领教育改革的新动向。1988年美国联邦教育部长贝内特提交的《美国教育改革的报告》中,对美国高等教育发展提出了几项基本原则:"讲授基本道德准则,建立纪律和规章制度以鼓励学生养成努力学习的习惯",并将"诚实、勇敢、独立、忠诚、善良、遵纪守法、爱国主义、勤奋、公正和自我修养"等列为学校教育应该向学生强调的优秀品德。② 英国1992年发布的教育白皮书中也指出:"一所学校在道德教育方面必须不断地进行检查和更新,以促进儿童精神的、文化的、心理的和身体的发展,作为为他们成人生活做准备的一部

---

① [德]卡尔·雅斯贝尔斯.什么是教育[M].邹进,译.北京:生活·读书·新知三联书店,1991:3.
② 吕达,周满生.当代外国教育改革著名文献:美国卷[M].北京:人民教育出版社,2004:359-360.

分。学校不应该是特殊的不受价值观念影响的区域。"① 2011 年，新加坡教育部长提出了发展"学生中心、价值观导向的教育"，更加突出了学校教育中价值观教育的重要性，强调要注重学生品格发展。② 综上，世界各国虽然在倡导价值观教育的观点不尽相同，但表现出一个共性的趋势，即开始反思历史的"主智主义"传统，强调和注重道德教育在人才培养过程中的重要作用。新中国成立后我国高等教育七十年的发展历程，有很多的办学经验，但也有一些深刻的历史教训。其中，坚持社会主义办学方向、坚持培养德智体全面发展的社会主义建设者和接班人是我国教育实践验证的最为富贵的教育方针和精神法宝。不可否认的是，我国办学过程中曾经存在的"功利主义""信仰危机""道德危机"等是最为沉痛的历史教训，这种教训带来的后果已经在社会发展和人的发展的不同层面有所显现，是对教育活动本质的危害，也是对人才培养活动根本目标的背离。因而，立德树人根本任务作为高等教育最高价值目标的统领，既蕴含着教育的内在规律，也是当下高等教育发展的时代性所必然需要的，契合了我国教育现代化进程中人才培养的发展要求，是高等学校办学育人目标的本质体现。

二、深刻把握立德树人价值目标的精神实质

立德树人作为高校的立身之本和根本任务，是对高校育人工作的总要求，包含"立德"与"树人"两方面的深刻内涵。习近平总书记指出："人才培养一定是育人和育才相统一的过程，而育人是本。人无德不立，育人的根本在于立德。这是人才培养的辩证法。办学就要尊重这个规律，否则就办不好学。"

---

① 吕达，周满生．当代外国教育改革著名文献：英国卷［M］．北京：人民教育出版社，2004：176.
② 陶西平．当代世界教育教学改革六大新动向［N］．中国教育报，2014-04-27（5）.

在本质上，立德树人是对立德与树人内在关系的理论自觉，厘清"立什么德"与"树什么人"、立德与树人的关系是什么，才能正确把握立德树人的精神实质。因此，要从中国特色社会主义教育思想的高度来加以深刻认识。高校"立德"的内涵不是单指传统意义上的道德教育，而是包括国家的德、社会的德和个人的德，是在社会主义核心价值观引领下的"大德"教育；高校"树人"的内涵也不是单指智育意义上的人，而是在"大德"引领下推进学生德智体美劳全面发展，培养能够担当中华民族伟大复兴历史使命的时代新人。立德与树人的目标对象具有一致性，都聚焦高校人才培养，服务大学生成长成才。"一方面，立德是树人的前提，树人是立德的归宿，立德最终是为了树人；另一方面，树人是立德的途径，立德是树人的追求，树人是为了更好地立德。所谓的'立德树人'实质上就是'立育人之德'和'树有德之人'的辩证统一，二者互为前提、互为因果，不可分离，必须作为一个有机整体统一考量、统一理解。"① 在高校育人的功能定位和教育实践中，"立德"与"树人"二者各有侧重、相互作用。立德是基础性条件，为树人提出了政治、价值等方面的基本要求，是树人的前提；离开了立德的价值导航，树人就失去了方向，培养的人就会出现政治立场、价值方向的偏差。树人是立德实现的方式与载体，离开树人，立德就变成了形式与口号；立德只有融入树人过程，才能为树人保驾护航，人才培养质量才有根本保证。因此，立德与树人不是对立矛盾的关系，而是辩证统一的关系，二者都统一于"培养什么人"这个根本问题，高校应准确掌握这个人才培养的辩证法，以立德为根本，以树人为核心，把立德与树人有机地统一起来，使之贯穿高等学校办学与人才培养活动整个过程。在教育过程中，把培养青年学生的政治方向、道德品质、健康

---

① 韩丽颖．立德树人：生成逻辑·精神实质·实践进路［J］．东北师大学报（哲学社会科学版），2016（6）：201-208.

人格、美好心灵放在首要地位，推动学生在学习和生活中理解与践行社会主义核心价值观，让学生在学会做人、学会助人、学会合作、学会宽容、学会自律的基础上，进一步学会做事、学会学习、全面发展，在教育活动中实现"立德"和"树人"的互相融合与有机衔接，使学生的成长方向与社会的发展方向得到有机统一，培养合格的社会主义建设者和接班人。

三、高校立德树人根本任务的基本要求

（一）强化新时代党的教育方针的引领和指导

高校推进立德树人的根本任务，必须坚持以党的教育方针为指导与引领。教育与生产劳动相结合，促进人的智力和体力包括审美、志趣与道德品质全面和谐的发展是马克思主义教育原理的重要内容，习近平总书记在全国教育大会上着重强调要努力建构德智体美劳全面培养的教育体系，更具有鲜明的时代指导意义。长期以来，高等学校教育体系一个普遍的问题是重视智育的内容建设，在德育方面没有形成体系和良好的实效办法，而对体育、美育和劳动教育则长期忽略。这使高校的人才培养在学生体质、心智、审美以及社会实践层面表现出不同程度的缺失，导致学生在人类观念、社会意识、生命责任、自然规律等统合性世界观方面缺乏认知与自律，这种教育的后果会在社会问题与个体发展中的很多层面暴露出来。庚子年新冠疫情的发生暴露出很多教育的弱势与短板，给高校提出了警示，突出表现在我们的教育缺乏一种大胸怀、大关切与大视野。如何让学生认识到敬畏自然、敬畏生命、敬畏常识是多么重要，存良知、讲真话、行善事是多么重要，和顺体制、和谐社会、和睦世界是多么重要，这样的教育才显现出真正的价值，成为大时代中构建人类命运共同体，推进民族复兴、国家富强的坚实支撑。为此，高校必须遵从培养德智体美劳全面发展的人的教育纲领，构建宏达开阔的教

育格局，把劳动教育、美育还有包含生命教育、健康教育、公民教育、安全教育的社会教育等内容纳入高等教育体系，实质性地推进通识教育与专业教育一体化，真正建立起与现代社会发展相适应的服务全民终身学习与健康发展的高等教育体系。

（二）切实加强高校思想政治教育工作

习近平总书记指出："办好我国高等教育，必须坚持党的领导，牢牢掌握党对高校工作的领导权，使高校成为坚持党的领导的坚强阵地。党委要保证高校正确办学方向，掌握高校思想政治工作主导权，保证高校始终成为培养社会主义事业建设者和接班人的坚强阵地。"① 我国高等教育肩负着培养德智体美全面发展的社会主义事业建设者和接班人的重大任务，必须加强思想政治教育，把思想政治教育放在高校教育工作的突出地位，着力培养建设社会主义事业的时代新人。我国是社会主义国家，马克思主义是我国的指导思想，所以，高校思想政治教育必须以马克思主义作为指导，坚持党的领导，坚持社会主义办学方向，坚持正确的政治方向引导，帮助学生树立正确的价值观和人生观。改革开放以来，复杂多变的国际局势与变幻多样的时代发展，使多元价值观与思潮涌动成为高等学校教育面临的新特点，高校作为社会的前沿思想阵地，面临着严重的挑战。在这种形势下，高校必须下大力气推进思想政治教育教学改革，把握思想政治教育的精神实质，坚持发挥思政课程教学主渠道的作用，同时大力推进课程思政，运用灵活多变的教育方法，把马克思主义原理与中国问题、国际形势、社会生活与学生个人生活实际结合起来，引导学生正确认识世界和中国发展大势，正确认识自身的责任与历史使命，树立为中华民族伟大复兴而奋斗的理想信念，在思想上和实践中不断深化对人类社会发展规律和我国社会主义发展现状的认识，

---

① 习近平. 习近平在全国高校思想政治工作会议上强调 把思想政治工作贯穿教育教学全过程 开创我国高等教育事业发展新局面 [N]. 人民日报，2016-12-09 (1).

形成正确的价值观和人生观，激励学生自觉投身中国特色社会主义实践。

（三）推进立德树人融入与内化到大学教育实践的全过程

立德树人是人才成长的根本规律。习近平总书记指出："人才培养一定是育人和育才相统一的过程，而育人是本。人无德不立，育人的根本在于立德。这是人才培养的辩证法。办学就要尊重这个规律，否则就办不好学。"① 这是总书记从人才成长规律的视角对高校落实立德树人的"内化"环节提出的明确方向和根本要求。"融入与内化作为一种工作理念与工作方式，融入是立德树人实现的前提，内化是立德树人落实的关键。融入强调的是立德树人与育人各环节的融合、渗透关系，体现的是立德树人对高校工作的统领作用。内化突出的是立德树人与管理工作的同化、顺应的内在实践关系，体现的是立德树人对高校办学治校的全覆盖。"② 一方面，立德树人要作为教育活动的总目标与总要求，有机地融入教师教书育人各环节，渗透学生成长成才各方面，使立德树人真正成为教与学的"指南针"与评价育人成效的基本标准，全面融入教育各环节。另一方面，要把立德树人内化到高校工作实践的各个领域，在教育、管理、服务各个领域，推进教书育人、管理育人与服务育人，实现立德树人的目标要求，使之成为各项工作的出发点与落脚点，形成全校上下齐抓共管的教育体制，形成全员全过程全方位育人的教育大格局，推动高等学校"三全育人"综合改革。

---

① 习近平. 在北京大学师生座谈会上的讲话［N］. 人民日报，2018-05-03（1）.
② 高国栋. 高校立德树人工作的理论内涵与优化路径［J］. 思想教育研究，2020（12）：146-150.

第二节 中国话语的"三全育人"教育方略

一、高校"三全育人"提出的时代背景

"三全育人"的提法首次见之于教育系统源自 1950 年全国教育工会第一次全国代表大会提出的"教书育人、管理育人、服务育人"倡议口号。之后,伴随着全国高校教育工会系统师德师风、精神文明建设的不断加强和推进,"三全育人"教育实践的影响广度逐渐加大,显示了我国高等教育呼吁全员全方位育人的教育思想具有由来已久的历史渊源。改革开放以后,国家进一步加强"科教兴国"的战略国策,围绕高校培养现代化强国建设者和接班人的中心任务,高等教育德育工程进一步加强。2005 年 1 月,全国加强和改进大学生思想政治教育工作会议明确指出"加强和改进大学生思想政治教育是一项涉及方方面面的系统工程","各高校要努力形成党委统一领导党政群团齐抓共管,全体教职员工全员育人、全方位育人、全过程育人的工作机制",这是党中央首次在全国大学生思想政治工作会议上提出"全员育人、全方位育人、全过程育人"的"三全育人"思想。党的十八大以后,中国特色社会主义教育思想的内涵更加丰富,以习近平同志为核心的党中央旗帜鲜明地提出了"把立德树人作为教育的根本任务"。2016 年 12 月,全国大学生思想政治工作会议召开并发布著名的"31 号文件",提出要在高等学校"坚持全员全过程全方位育人,把思想价值引领贯穿教育教学全过程和各环节,形成教书育人、科研育人、实践育人、管理育人、服务育人、文化育人、组织育人长效机制"。2018 年 4 月,为贯彻落实 31 号文件精神,教育部党组印发《高校思想政治工作质量提升实

施纲要》的通知，提出了充分发挥课程、科研、实践、文化、网络、心理、管理、服务、资助、组织等方面工作的育人功能，切实构建十大育人体系，形成全员全过程全方位育人格局。同年5月，教育部办公厅进一步发布《关于开展"三全育人"综合改革试点工作的通知》，开始把"三全育人"的政策方略进一步转化为项目制在全国高校以及院系开展"三全育人"综合试点推进工作。至此，"三全育人"引导的教育实践综合改革在全国高等学校推进开来。

　　全员、全过程、全方位育人的"三全育人"是党和国家从新时代高等教育回应青年一代成长的人格养成与社会重大关切的高度，对中国特色高等教育育人格局、育人体系、育人路径的宏大命题所做出的战略思想方略。作为中国特色社会主义教育思想语境中的教育方略，"三全育人"的根本目标体现了新时代高等教育育人格局、育人体系、育人路径的"大教育观"。从教育学的视角审视，这种"大教育观"体现为以立德树人的办学方向、价值标准、核心任务为引领促成全社会共同关注教育的育人共同体，在高校整合教育资源、形成系统合力、强化价值引领与知识创新，挖掘教育教学各环节、全方位、全要素的教育因子，以高校育人共同体的构筑与建设强化一切为了"育人"的目的、一切服务于"育人"的宗旨、一切贯穿"育人"的过程，推进育人目标的实现。

二、新时代高校推进"三全育人"的价值意蕴

　　"三全育人"作为高校新时期育人共同体建设的教育思想，展示了教育资源协同发力的"育人共同体"教育形态，体现了新时代高等教育在教育理念、教育形态、教育模式创新发展的时代特征与内在要求，推进高校育人从教育理念到思想内涵、从价值观到方法论的深刻变革，内蕴着丰富的思想内涵，具有深刻的创新性教育价值。

（一）"三全育人"突出了高校"育人"的核心价值，彰显了高等教育"立德树人"根本标准下对"人"的关注与旨归

"三全育人"强化一切为了"育人"的目的、一切服务于"育人"的宗旨、一切贯穿"育人"的过程，其教育思想的理论意蕴包含着深刻的含义：

其一，大学办学的教育目标要始终指向"人"的发展目标。人是教育的出发点和最终归宿，对人的本质认识决定了对教育的根本价值追求。今天的大学有很多诱惑，也面临很多任务，但是，无论是建设世界一流大学还是在某个领域办成顶尖学科，大学的第一使命始终是围绕人的培养来开展工作，"育人"是大学最根本的核心任务，这是大学贡献社会的前提和基础。面对充满着不确定性的未来，卓越的大学从思想到机制、从内容到模式、从方法到手段都要围绕和跟上发展中的人的步伐，满足发展中的人的需要，这样的教育才会是成功的教育。鲁洁教授指出，"教育是一种必要的乌托邦"①，只有培养出对美好充满向往、对未来充满期望而富有创造力的人，才能实现人对现实的超越，才能推动社会不断进步与发展。

其二，价值观教育是"人的教育"中的显性主题。人的教育首先要关注人的精神与灵魂，道德教育是自古以来教育的主题。联合国教科文组织提出了世界性高等教育的三大危机"道德危机、质量危机、财政危机"，把道德教育放在首位。特别是在信息时代、智能时代、技术时代的今天，价值观教育是把人对生命体的认知、发展、物化的世界建立信任、接纳与认同的重要一环。中国特色社会主义教育明确立德树人的教育使命，"将德性培养和人格锻炼确立为人才培养的核心任务和根本标准，以'立德'的优先性确保'树人'的正当性，突出'立德'

---

① 鲁洁，冯建军. 让道德教育成为最具有魅力的教育：鲁洁教授专访［J］. 苏州大学学报（教育科学版），2020（2）：84-92.

对树人的价值限定、过程管理和方向引领作用，有效地契合了时代发展对健全人格和全面素质的要求"①，这是"三全育人"构筑大思政教育格局的根本价值所在。

其三，大学一切办学活动都要融入"教育性"。大学的本质是教育性与学术性的统一体，但"不是学术性与教育性的'简单相加'，而是通过学术活动并在学术活动中实现教育的目的"②。教育哲学家涂又光先生曾提出关于"教育自身"的概念，他说，"办学活动不同于'教育自身'。学校办得好才能促进教育、实现教育，办得不好会阻碍教育乃至摧毁教育"，这就提出了教育活动的"教育性"价值问题。应该认识到，大学不同领域的教育实践活动，包括教书育人、科学训练、管理思政、服务育人、思维培育、文化熏陶等，只有所有这些活动都以各自不同的内涵与方式发挥共向教育"增值"作用、促进人的进步与发展，才能称其是"好的教育"，否则，办学活动就体现不出自身的价值。

（二）"三全育人"从新的教育时空观构筑了一种创新的教育形态，描绘了新时代高等教育立德树人的新图景

学校是系统化、组织化、规模化地进行教育教学活动的社会机构或教育组织，其教育形态在不同的历史时期以不同的表现形态适应社会的需求。高等学校长期以来形成的学科化、专业化、单位化、网格化的组织形式和办学模式，需要随着时代的步伐不断地做出调整，这样才能及时对快速发展变化的社会做出回应。今天的大学教育正面临着时代的巨大变化，传统教育人才培养表现出的思想观念、教育模式、教育方法与时代要求的不相适应、疏离甚至背反已经成为学校教育不能回避的事实。"三全育人"正是从一种新的教育时空观的角度出发，尝试探索一种新的教育形态来对时代和社会做出回应。

---

① 杨晓慧．高等教育"三全育人"：理论意蕴、现实难题与实践路径［J］．中国高等教育，2018（18）：5.

② 罗海鸥，雷洪德．涂又光研究［M］．武汉：华中科技大学出版社，2016：145.

首先，在教育主体上，以关注学生的成长为主题，探索跨越学校的组织边界，构筑一种多领域、多主体、交互作用、协同发展的育人"场域"，这个场域推动教师角色的转化与学校形态的变革。教师由传统的知识传授者变为思想的指导者、信息的整合者以及育人场域的统合者，学校教育的触角得以不断延伸，形成一种空间与时间、有形与无形、线上与线下无缝衔接的教育形态，体现一种多元多维的教育时空观。

其次，在教育过程中，更加注重教育过程的完整性、统一性与阶段性，深入探索学生成长规律与教育阶段的发展规律，把关注视野放于学生健康人格成长的全过程，打破大中小学教育在创新人才目标、内容、选拔、培养方面的隔离、矛盾甚至冲突，建立不同教育阶段的衔接、对接以及贯通机制，同时突出高等教育不同阶段教育的主题内涵与特征，体现一种系统的教育观。

最后，在教育机制上，"三全育人"的十大育人体系从学生成长的环境、学习的内容、活动的边界以及可以借助的各种教育载体与媒介去挖掘、生成、发展教育的元素，融会教育内容、教育手段、教育技术、教育环境等各领域，形成"人化"与"物化"兼容的育人环境和育人格局，滋生一种大学场域独特的精神文化，使学生在这种文化陶冶和"习性"训练中获取品格、知识、体能、心理的全面成长、和谐发展，体现一种教育的生态观。

（三）"三全育人"以系统性的全要素联动方略构筑"大思政"育人格局，展示出新时代价值观教育源于思政且超越思政的教育方法论意义

我国高校思政教育如何应对学生关切，成为切实产生效能的教育活动，这是长期以来困扰高等教育的一个难题。一个根本性的问题就在于，思政工作长期拘于"思政领域"去认识问题，缺少更多人的生命成长及其影响因素的复杂视域的整合思考，这样导致从深层次上挖掘人

的身心特征与教育活动的规律不够深刻，导致教育效果不尽如人意。"三全育人"思想从全主体、全要素、全过程、全方位的思想出发来探索与推动思政格局的建构，这是基于把人与其生活的世界联系起来的一种认识规律的反映，本质上是一种促进人的全面成长进步的整合性路径或方略，因而体现出一种源于思政但超越思政的"大教育观"的方法论。

这种方法论思想对高等学校思政教育工作具有重要的启示意义，主要表现在几个方面：

其一，高校以全员教育性的角色定位构筑"育人共同体"。全员育人赋予所有人"教育"的角色，这就打破了长期以来以组织的"分工"与岗位的"规定"来"区隔"人们思想与行为的痼习，体现出大学以"育人共同体"的模式为"工作"注入"灵魂"、为"匠技"注入"匠心"、为"技能"注入"思想"。如教师教育教学体现出的关爱学生、敬畏知识、诲人不倦、甘为人梯，科学研究体现出的实事求是、独立思考、坚持真理、质疑求知，管理服务体现出的认真负责、勇于担当、敬业乐群、默默奉献，都是大学"育人共同体"的整体建构与表达，充分体现出大学这种育人机构立德树人的"德行为先"，渗透在高校每个育人环节的内容活动中，不仅通过行为示范、言传身教，使道德精神与知识创新润物无声、薪火相传，而且通过共同体多元主体的交流、合作、互动、对话，在实践中实现共同成长进步。

其二，思政教育要在学生全面成长中寻求着力点。大学思政教育是一种复杂的教育活动，要对它的对象、目标与内涵深入地认识理解，必须把学生作为一个独立的成长发展中的"人"的对象来看待，将价值观教育置入学生个体知、情、意、行成长的系统中去实施，而决不能机械地头痛医头、脚痛医脚，把德育视为独立于整个教育活动之外的"另一种教育"。所谓"超越思政"，即思政教育绝不是简单地等同于政治方向、意识形态、价值观、道德品质等思想教育内涵的单项相加，而是要在学生认知、思维、心理结构与个性发展的整体发展中去注入、渗透、培育、养成,这是思政教育的难题所在,但正因如此也是其魅力所在。正如习近平总书记在2019年3月18日主持召开的学校思想政治理论课教师座谈会上强调指出的,"思政课教师,要给学生心灵埋下真善美的种子,引导学生扣好人生第一粒扣子",必须政治要强、情怀要深、思维要新、视野要广、自律要严、人格要正,"六要"要求深刻体现了"三全育人"源于思政且超越思政的教育目标。

其三,"以学生为中心"作为目标导向、更作为教育规律推动深层的教育教学改革。围绕人的教育在高等学校的主体表现就是在一切办学活动中贯穿"以学生为中心",这既是教育活动的目标又体现出教育活动深刻的内在规律。尤其在现代信息社会中,教师与学生的角色发生转变成为有效教育活动的必然要求,因为所有学生思想道德的养成与知识体系的形成都必须经由学生主体的心理建构才能生成,这是教育活动与学习科学的规律使然;高度发达的数字信息化时代更加速了学生在学习、接受方面的必然性与便捷性,教师的作用是如何有效地引导与帮助学生甄别、选择与判断,促进学生入脑入心、养成人格。这是新的形势下推动教育教学改革的方法论指导。

第三节 高校推进"三全育人"改革实践的关键问题

"三全育人"作为新时期高等学校教育思想方略,涉及教育理念、教育思想与教育体制等一系列的综合改革,这些问题是教育改革实践中长期难以突破的关键问题。只有解决好这些关键问题,"三全育人"综合改革才会突破难题,开创高校教育教学改革的新局面。

一、高校"三全育人"改革实践的现实难题

(一) 高校"育人共同体"构成的机制问题

我国高校的组织机制主要包括党政工团与行政教研两大系列为主体的教育队伍，这是中国特色高等教育在坚持党的领导下围绕立德树人价值目标的重要体制保障，体现了中国高校德育共同体与知识共同体并存的机制特色。但是，在现有机制下，两个共同体如何融为良性运转的一体化"育人共同体"，这是三全育人是否能有效达成目标的重要问题。从我国高校的现实状况来看，往往表现为高校两条线运行的模式："双一流"的建设任务归口行政、教、研及学院院长、教师队伍系列承担，"三全育人"的责任在党、组、宣及学院书记、辅导员和专职思政教师队伍中层层落实，这种现象应该是高校较为普遍的状况。例如，从学生培养的组织机制来说，欧美大学一般是在一个"大教务"系统下处理学术工作与学生事务，而我国高校则分设教务系统与学工系统，由两条线施行知识教育和思想管理。"思政教师负责德育，智育的事情归属教学组织管辖。育人理念上的隐性鸿沟，实际上阻隔了育人能量在各主体间的有效传导。……队伍的专业配备也在客观上导致了其职能的细化、窄化与分化，使智育与德育在实际操作层面逐渐演变为两支不同队伍的专属职能。"[①] 不仅如此，很多高校贯彻落实上级政策的基本做法是：依据上级文件的精神层层分解任务、制定组织工作流程，把"十大育人"任务不断在部门中进行责任分化，使任务层层肢解、越分越细。这种组织模式与工作机制的结果是："育人"任务的性质被人为地、机械地割裂，导致教育行为的形式主义、机械主义，难以有效达成良好的育人成果。

---

① 任少波，单珏慧. 构建基于"知识共同体"的"德育共同体" [J]. 教育研究，2019 (7)：44-50.

"育人共同体"的构建从现象上看是组织问题，实质上是体制、制度、思想、方法问题在高校办学中的折射和体现，关系着高校的办学方向与治校水平问题、党政关系的制度体系问题以及思政教育专职队伍与教育实践群体队伍的关系等。作为"共同体"的基本要素，高校的整体育人队伍要在基于共同"育人"目标之下，在组织、内容、形式、任务等方面构成既相互协同、又自成体系的育人体系，其中，部门的"区隔"不应成为组织的障碍，在技术层面要探索通过部门联动打破现有政策执行中的部门分割、部门排斥状况，通过跨部门协调促进改革目标实现的共同要求。随着高校思政工作的不断深化，一个较为理想的模式应该体现为：专职思政队伍如思政教师要着重从专业化、系统化的角度在传承马克思主义哲学、中国特色社会主义理论方面下功夫，通过培养学生的世界观、价值观及辩证法方法论，来帮助他们建立"稳固价值排序的能力"；而课程、教学、科研、管理、服务、组织、心理、资助以及各种群团实践等则从不同领域的角度各自发挥育人的功能，共同构筑"高峰挺立"与"丛林勃发"和谐群生的育人环境，使"立德"与"树人"一脉相承，合而为一。

（二）"大思政"格局构筑的深度融合问题

教育部《关于开展"三全育人"综合改革试点工作的通知》文件中提出了"三个推动"，"推动全体教职员工把工作的重音和目标落在育人成效上，推动将高校思想政治工作融入人才培养各环节，推动实现知识教育与价值塑造、能力培养有机结合，构建一体化育人体系"，应该说，这是"三全育人"理念推动教育改革创新的关键点，也是"双一流"建设的重要内容所在。我们的教育通常是忽略了知识学习与价值态度形成机制的内在基础，导致教育实践出现很多问题，例如，大学生思政简单等同于政治倾向与意识形态，而忽略学生的认知结构与情感态度体系；课程思政生硬地"注入"思政元素，而不能与教学内容融为一体；德育教学仍以知识灌输为主而忽略学生思维发展的规律；学生工作只加入心理咨询内容而无视心理科学在学生人格成长机制的运用等。这些问题的根源在于缺乏对教育规律的科学认识，导致"三全育人"推进实践的难题与障碍无法避免。

新时期构筑"大思政"教育格局，不是生硬地在不同实践领域里"注入"思政元素，为了"思政"而"思政"，而是要在一种大教育观的指导下切实把人才培养目标的多维度要素落实到育人实践成为行动指南。例如，以学生的能力素养为目标设计课程内容，可以学习借鉴布鲁姆教育目标分类学，从认知、思维、情感、态度等目标维度出发来设计教学，"课程标准中的内容不是知识点的聚合，而是承载着育人指向的载体，不同的内容究竟可以培养学生哪方面的能力、观念和素养，在课程标准这样的指导性文件中应有设计与揭示"；在教材的编写中，"思想的培养、价值观的养成是观念认知、情感共鸣、行动体悟的共同作用结果，教材作用在于呈现可以承载认知、共鸣、体悟的素材"，帮助学生价值观的建立和形成。① 只有这样才能真正体现教育教学改革的价值。按照这样的思路，在科研项目、实践活动、组织行为等方面都可以依据目标凝练实践载体，引领育人成果。比如，某工科专业的社会实践，依据专业特点，从工程设计的课程系列中凝练出一条主线十个关键点，即家国情怀、责任担当、历史传承、团队精神、生涯规划、工匠精神、科学家史、创新精神、批判性思维、终身学习，依此建立案例库，由教师进行设计引导学生实践，起到良好的效果。这是真正以"大思政"的思维创新教育实践的改革案例。

（三）价值教育与知识体系一体化发展的问题

"三全育人"在高校推进的最本质问题是知识体系与价值体系的内在融合与同向共行。大学具有知识共同体与德育共同体兼而为一的属

① 吕立杰，李刚. 人才培养目标的课程转化路径探析［J］. 教育研究，2018（12）：56-62.

性,"探索立德树人实现路径,必然需要构建并提升德育与智育两种育人功能的有机耦合"①,落实在高校教育过程中就是真正把价值观教育融入知识教育体系,包括学科育人、教书育人、科研育人、课程育人等多条路径,其核心是课程育人。开发出一批高质量、高水平的"金课"是高校思政教育改革创新的关键问题,也是一流大学建设的重要内容。需要强调的是,"课程思政是方法而不是加法"②,不是生硬地在教育实践中"注入"思政元素、为了"思政"而"思政",而是要把立德树人的培养目标真正融入与贯穿在教育内容和环节中,体现其"教育性"价值,使"课程思政"成为一种常识、标准和内在要义,这对教师群体提出了很高的要求,不仅要专业化,还要通达化、人文化、科学化。体现在教育教学的顶层设计中,教师应该把课程体系的每个知识点视为承载不同育人指向的载体,从培养学生观念、思维、能力、素养的多维路向,建立起每门课程的课程标准或指导,精心地设计每门甚至每节课程;而课程教材同样承担着重要的使命,不仅要充分体现正确的世界观、价值观与方法论的观念体系,而且要作为承载学生认知、理解、共鸣、体悟的素材集成,帮助学生价值态度、情感体验以及行为模式的建立和形成。按照这样的思路,课堂教学、科研项目、实践活动、社团组织等都可以依据教育目标凝练实践载体,引领育人成果,实现知识与思想的共进价值。

二、高校推进"三全育人"改革实践的创新路径

对"三全育人"的时代价值与理论内涵进行探索,其根本目的还是在于把对"三全育人"精神实质的把握与高校的改革实践结合起来

---

① 任少波,单珏慧.构建基于"知识共同体"的"德育共同体" [J].教育研究,2019(7):44-50.

② 杨祥,王强,高建.课程思政是方法不是"加法" [J].中国高等教育,2020(8):4-5.

推动高校育人实践创新。特别是针对现行的教育实际顽瘴痼疾，高校推进"三全育人"综合改革的着力点应在什么地方突破？在教育实践中要解决和把握的关键问题是什么？这是探讨高校"三全育人"从理论意义到实践路径的必要认识。

（一）立足一个"全"字，构筑全方位全体系育人大格局

"三全育人"的基本理念是以"全"字构筑育人大格局：全方位革新育人理念、全过程体现育人目标、全领域统筹育人资源。在技术与智能时代改变传统教育形态的今天，高等学校不是一个独立于社会之外的孤岛，人的生命活动得以无限延伸，影响学生价值观的因素变得更加复杂多样，"全"字的内涵与外延也具有特殊性与广延性，它不仅体现一种形态上的"全"貌，而且更重要的是在办学活动的方方面面渗透一种广袤的"全"视域的"大教育观"。

这种"大教育观"要求我们从教育活动的大视野来审视教育活动和教育对象。当下，高等教育普及化的进程带来了高等教育需要服务学生终身发展的新趋势，为此，一流的教育要着眼于学生的长远发展，要为学生的终身发展服务，要在设计教育制度、构建教育体系、推进课堂教学改革等方面从全新的教育理念出发，更加重视学生综合素质的培养与普适性能力的发展，以加强人才培养对未来社会及其终身可持续发展的适应性与胜任力。在这样的教育目标的引领下，必须构筑跨越组织边界、线上线下、无形有形、校内校外、课内课外，具有共同价值目标、集体共建、群体效应、交互作用等特性的"育人共同体"①，形成立德树人目标导向下政府、社会、学校、家庭多方联动、主体交互、资源协同、人境共生、同频共振的育人格局，这个任务具有前所未有的紧迫性和挑战性。高校的责任是发挥高校作为思政教育主战场、主阵地的教育

---

① 任少波，楼艳. 论高校德育共同体的三重意蕴［J］. 高等教育研究，2018（8）：86-90.

引领作用，以明晰的目标统领、规划，促进多种教育形态及育人主体形成一种育人"场域"并发挥联动作用。必须认识到，"全"显示教育资源形态的广泛性、普遍性和包容性，也是一种视野与方法的展示，但其动力与活性还需要通过教育主体在共同价值目标的引领下集结目标、整合效力、精准施策。在这个过程中，要尤其注重加强施教方略的结构意识、时空意识、问题意识、个性意识，真正实现育人体系的无缝对接、精准发力、对症施教，体现"大教育观"下育人的大格局。

（二）把握一个"融"字：推进思政教育与学生的现实生活相融合

道德教育不能抽象于学生的实际生活，只有把思政教育与学生鲜活的生活世界与生命教育结合起来，思政教育才会呼应学生的身心发展与现实关切，才可能摆脱思政教育的不切实际与"两张皮"现象。杜威高度重视"经验"在学生教育活动中的作用，他认为，"只有当那种称为'教育'的活动能够被学生所珍视、所欣赏并进而所评价、所鉴定，从而整合到学生经验的持续改造之中的时候，教育才能成为真正的价值之物，教育的价值也才能真正地实现"①。目前高校普遍存在用空泛的理论认知与思想灌输作为思政教育主渠道的问题，而对学生个体的认识经验、生活体验及社会联系关注不够，这样导致不能在学生心中引发共鸣，从而实现以理论认识的提升来引导生活和行动。

习近平总书记指出，"'大思政课'我们要善用之，一定要跟现实结合起来"。深入地领会与理解总书记的指示，必须以"大思政"格局的高度，围绕立德树人的核心理念，把学校、个人、社会联系起来、融通起来推进教育目标。要从顶层设计上科学规划、推陈革新。比如，在教育活动上推进科学研究与人才培养的相互渗透与融通，从课程体系上加强通识教育与专业教育的相互融通，在实践活动上加强社会实践与学生个体学习体验的交融，在团队建设上加强教师与学生的互动互助等，

---

① 石中英. 杜威的价值理论及其当代教育意义［J］. 教育研究，2019（12）：36-44.

这样就使学生在知识结构、创新思维、个体经验、社会交往等方面得到"润物细无声"的陶冶与滋养，创设一种人文物化的教育环境，推进学生进步、成长。同时，从学生个体培养的角度，还要注重帮助学生从身边世界的细微之处建构起信念与价值，在个人、家庭、学校、社会、教学、科研、服务、实践等不同学习与生活领域推进教育实践生根开花。使学生生活的"情境"与教育的世界真实地融为一体，鼓励学生从自我做起、从小事做起，从对个人生活负责扩展到对国家负责、对社会负责、对他人负责，通过实践活动把自我与他人、社会和国家联系起来，逐步形成集人类大德、社会公德与个体道德为一体的价值体系，这是思政教育"见微知著"的有效路径。

（三）突出一个"践"字，培育学生在学习实践中知行合一

实践是在共同目的和价值之下统一起来的社会活动，深刻地体现了学生从理论认识、情感体验到意志行为的发生规律，是作为个体的人身心发展与知行合一的必要途径，更是学生群体道德认知、锤炼操守、情景交融、行为习惯形成的重要活动和实现路径。高校立德树人教育实践从理论设计到实践路径尤为重要的一环是要充分加强大学生与社会的认识与联系，发挥实践活动在其"社会性"人格成长中不可替代的作用。教育家朱九思老先生曾指出，大学要把握好两个过渡问题，第一个是学生从中学到大学的过渡，第二个是学生从大学到社会的过渡①，这是学生成人化与社会化关键阶段的重要作用，其核心内容就是使社会倡导的价值观与道德准则在校园中建立和落实。为此，高校要着力在教育教学和实践活动组织中将教育内容与社会生活、社会需求、社会价值联系与整合起来，使这个过程"能够增进学生洞察社会的认知、理解社会的情感、参与社会的行动能力，使学生可以带着更加发达的心智和身体走进社会，使知识的积累、技能的提升、品格的锻炼建立在浓厚的社会责

---

① 朱九思. 教书育人，天经地义 [J]. 江苏高教，1988（4）：2-5.

任精神基础之上，使学校教育全过程有助力于培养责任担当的社会公民"①。只有这样，才能有效地实现学校教育与社会实践的统一，使学生的知识、能力、品质、道德内化于心，外化于行，知行合一，形成人格和素养。

学生素养发展是人才培养中的核心问题。近年来，关于学生核心素养的研究是国际教育学界一个持续关注的问题，但是，尚未形成大中小学一体化的系统化素养教育目标体系。从教育实践而言，只有内化为学生品格的价值观教育才是有效的思政教育，也只有形成学生核心素养的学习才是深度的学习，这是判断育人效果是否真正进步与提升的最终检验标准。"三全育人"综合改革在高校的推进，以大学生综合素养建立目标体系引领实践活动，应该是一个理想的教育契机和有效的实践行动。可以借助教育学关于学生核心素养的专门研究，尝试在高校立德树人根本标准的指导下，从课程、科研、管理、服务、实践等不同教育实践领域出发建立与学生知识结构、思维导向、价值倾向、责任意识、行为担当等相应或关联的目标体系，使学生发展的能力素养目标成为教育实践的导引纲领，依据目标框架建构"三全育人"的育人模式、教育环境和工作体系，这是导引"三全育人"有效教育实践和育人成果的科学路径。

① 刘长海. 经验德育：一种基于杜威哲学的德育思路 [J]. 教育研究，2019（6）：51~59.

参考文献

一、中文文献

专著

[1] 中国大百科全书总编辑委员会. 中国大百科全书：哲学Ⅱ [M]. 北京：中国大百科全书出版社，1987.

[2] 施良方. 课程理论：课程的基础、原理与问题 [M]. 北京：教育科学出版社，1996.

[3] 石中英. 知识转型与教育改革 [M]. 北京：教育科学出版社，2001.

[4] 吕达，周满生. 当代外国教育改革著名文献：美国卷 [M]. 北京：人民教育出版社，2004.

[5] 吕达，周满生. 当代外国教育改革著名文献：英国卷 [M]. 北京：人民教育出版社，2004.

[6] 荀振芳. 大学教学评价的价值反思 [M]. 青岛：中国海洋大学出版社，2006.

[7] 韩水法. 大学与学术 [M]. 北京：北京大学出版社，2008.

[8] 王英杰，刘宝存. 世界一流大学的形成与发展 [M]. 太原：山西教育出版社，2008.

[9] 宣勇. 大学变革的逻辑：学科组织化及其成长 [M]. 北京：人民出版社，2009.

[10] 张楚廷. 高等教育哲学通论 [M]. 北京：高等教育出版社，2010.

[11] 陈佑清. 教学论新编 [M]. 北京：人民教育出版社，2011.

[12] 钱穆. 中国文化精神 [M]. 北京：九州出版社，2012.

[13] 钱穆. 文化与教育 [M]. 北京：九州出版社，2014.

[14] 罗海鸥，雷洪德. 涂又光研究 [M]. 武汉：华中科技大学出版社，2016.

[15] 孟建伟. 科学与人文新论 [M]. 北京：科学出版社，2017.

[16] 别敦荣. 大学教学原理与方法：教学改革演讲录 [M]. 青岛：中国海洋大学出版社，2018.

[17] 涂又光. 教育哲学课堂实录 [M]. 武汉：华中科技大学出版社，2020.

译著

[18] 爱因斯坦. 爱因斯坦文集：第一卷 [M]. 许良英，范岱年，译. 北京：商务印书馆，1976.

[19] 欧内斯特·博耶. 美国大学教育 [M]. 复旦大学高等教育研究所，译. 上海：复旦大学出版社，1988.

[20] 卡尔·雅斯贝尔斯. 什么是教育 [M]. 邹进，译. 北京：生活·读书·新知三联书店，1991.

[21] 伯顿·R.克拉克. 高等教育系统：学术组织的跨国研究 [M]. 王承绪，等译. 杭州：杭州大学出版社，1994.

[22] 约翰·亨利·纽曼. 大学的理想 [M]. 徐辉，顾建新，何曙，译. 杭州：浙江教育出版社，2001.

[23] 卡尔·雅斯贝尔斯. 大学之理念 [M]. 邱立波，译. 上海：上海人民出版社，2007.

[24] 理查德·普林. 教育研究的哲学 [M]. 李伟, 译. 北京: 北京师范大学出版社, 2008.

[25] 舒尔曼. 实践智慧: 论教学、学习与学会教学 [M]. 王艳玲, 王凯, 毛齐明, 等译. 上海: 华东师范大学出版社, 2014.

[26] 约翰·杜威. 人的问题 [M]. 傅统先, 邱椿, 译. 上海: 上海人民出版社, 2014.

[27] 凯文·凯里. 大学的终结: 泛在大学与高等教育革命 [M]. 朱志勇, 韩倩, 等译. 北京: 人民邮电出版社, 2017.

[28] 克拉克·克尔. 大学之用 [M]. 高铦, 高戈, 汐汐, 译. 北京: 北京大学出版社, 2019.

[29] 安东尼·塞尔登, 奥拉迪梅吉·阿比多耶. 第四次教育革命: 人工智能如何改变教育 [M]. 吕晓志, 译. 北京: 机械工业出版社, 2019.

[30] 罗伯塔·乃斯. 创造力危机: 重塑科学以释放潜能 [M]. 赵军, 安敏, 译. 北京: 科学出版社, 2019.

期刊

[31] 朱九思. 教书育人, 天经地义 [J]. 江苏高教, 1988 (4).

[32] 文辅相. 教育目标是教育思想的核心: 兼析我国社会主义的高等教育目标 [J]. 高等教育研究, 1990 (2).

[33] 李曼丽, 汪永铨. 关于"通识教育"概念内涵的讨论 [J]. 清华大学教育研究, 1999 (1).

[34] 李曼丽. 再论面向21世纪高等本科教育观 [J]. 清华大学教育研究, 2000 (1).

[35] 姚梅林. 从认知到情境: 学习范式的变革 [J]. 教育研究, 2003 (2).

[36] 眭依凡. 素质教育: 高校人才培养体系的重构 [J]. 中国高等教育, 2010 (9).

[37] 黄济, 王晓燕. 历史经验与教学改革: 兼评凯洛夫《教育学》的教学论 [J]. 教育研究, 2011 (4).

[38] 周光礼, 马海泉. 教学学术能力: 大学教师发展与评价的新框架 [J]. 教育研究, 2013 (8).

[39] 鲍威. 大学教学课程的范式转换及其驱动机制 [J]. 清华大学教育研究, 2015 (2).

[40] 周光礼. 培养理性的行动者: 高等教育目的再思考 [J]. 高等工程教育研究, 2015 (3).

[41] 龙琪, 倪娟. 美国大学生学习影响力模型述评 [J]. 复旦教育论坛, 2015 (5).

[42] 褚宏启. 核心素养的概念与本质 [J]. 华东师范大学学报 (教育科学版), 2016 (1).

[43] 崔允漷. 素养: 一个让人欢喜让人忧的概念 [J]. 华东师范大学学报 (教育科学版), 2016 (1).

[44] 师曼, 刘晟, 刘霞, 等. 21 世纪核心素养的框架及要素研究 [J]. 华东师范大学 (教育科学版), 2016 (3).

[45] 别敦荣, 王严淞. 普及化高等教育理念及其实践要求 [J]. 中国高教研究, 2016 (4).

[46] 崔允漷. 追问 "核心素养" [J]. 全球教育展望, 2016 (5).

[47] 周光礼. "双一流" 建设中的学术突破: 论大学学科、专业、课程一体化建设 [J]. 教育研究, 2016 (5).

[48] 邬大光. 重视本科教育: 一流大学成熟的标志 [J]. 中国高教研究, 2016 (6).

[49] 韩丽颖. 立德树人: 生成逻辑·精神实质·实践进路 [J]. 东北师大学报 (哲学社会科学版), 2016 (6).

[50] 刘桂辉, 陈佑清. 知识教学本质的遮蔽与超越 [J]. 中国教育学刊, 2016 (7).

[51] 王严淞. 论我国一流大学本科人才培养目标 [J]. 中国高教研究, 2016 (8).

[52] 褚宏启. 核心素养的国际视野与中国立场 [J]. 教育研究, 2016 (11).

[53] 吕立杰, 李刚. 核心素养在学校课程转化的层次分析 [J]. 课程·教材·教法, 2016 (11).

[54] 陈佑清. "核心素养"研究: 新意及意义何在?: 基于与"素质教育"比较的分析 [J]. 课程·教材·教法, 2016 (12).

[55] 高伟. 论"核心素养"的证成方式 [J]. 教育研究, 2017 (7).

[56] 杨志成. 核心素养的本质追问与实践探析 [J]. 教育研究, 2017 (7).

[57] 别敦荣, 夏颖. 发展普及化高等教育与素质教育 [J]. 中国高教研究, 2017 (7).

[58] 赵炬明, 高筱卉. 关于实施"以学生为中心"的本科教学改革的思考 [J]. 中国高教研究, 2017 (8).

[59] 张应强, 张洋磊. 从科技发展新趋势看培养大学生核心素养 [J]. 高等教育研究, 2017 (11).

[60] 吴康宁. 人才培养: 强化大学的根本职能 [J]. 江苏高教, 2017 (12).

[61] 别敦荣, 齐恬雨. 论我国一流大学通识教育改革 [J]. 江苏高教, 2018 (1).

[62] 赵睿, 史万兵. 我国"一流大学"人才培养目标优化研究 [J]. 东北大学学报, 2018 (1).

[63] 苏芃, 李曼丽. 基于OBE理念, 构建通识教育课程教学与评估体系: 以清华大学为例 [J]. 高等工程教育研究, 2018 (2).

[64] 王平祥. 世界一流大学本科人才培养目标及其价值取向审思 [J]. 高等教育研究, 2018 (3).

[65] 王为民，赵国祥. 当代中国大学生核心素养的基本内涵：基于普通本科院校开学典礼寄语文本分析 [J]. 大学教育科学，2018 (4).

[66] 史静寰，王文. 以学为本、提高质量、内涵发展：中国大学生学情研究的学术涵义与政策价值 [J]. 华东师范大学学报（教育科学版），2018 (4).

[67] 项璐，眭依凡. 培养目标：人才培养模式改革的价值引领 [J]. 现代大学教育，2018 (4).

[68] 吕林海，龚放. 中美研究型大学本科生深层学习及其影响机制的比较研究：基于中美八所大学 SERU 调查的实证分析 [J]. 教育研究，2018 (4).

[69] 吴岩. 建设中国"金课" [J]. 中国大学教学，2018 (12).

[70] 杨兆山，时益之. 素质教育的政策演变与理论探索 [J]. 教育研究，2018 (12).

[71] 张华峰，史静寰. 走出"中国学习者悖论"：中国大学生主体性学习解释框架的构建 [J]. 中国高教研究，2018 (12).

[72] 吕立杰，李刚. 人才培养目标的课程转化路径探析 [J]. 教育研究，2018 (12).

[73] 杨晓慧. 高等教育"三全育人"：理论意蕴、现实难题与实践路径 [J]. 中国高等教育，2018 (18).

[74] 刘吉臻，翟亚军，荀振芳. 新工科和新工科建设的内涵解析：兼论行业特色型大学的新工科建设 [J]. 高等工程教育研究，2019 (3).

[75] 张应强，邬大光，眭依凡，等. 中国高等教育 70 年十人谈（笔会）[J]. 苏州大学学报，2019 (3).

[76] 刘长海. 经验德育：一种基于杜威哲学的德育思路 [J]. 教育研究，2019 (6).

[77] 王建慧，徐高明. 推进以学生发展为中心的大学教育变革：《江苏高教》2019年学术研讨会综述 [J]. 江苏高教，2019 (6).

[78] 张应强，王平祥. "双一流"建设背景下我国本科教育人才培养目标的思考 [J]. 湖南科技大学学报（社会科学版），2019 (6).

[79] 任少波，单珏慧. 构建基于"知识共同体"的"德育共同体" [J]. 教育研究，2019 (7).

[80] 张良. 核心素养的生成：以知识观重建为路径 [J]. 教育研究，2019 (9).

[81] 魏锐，刘坚，白新文，等. "21世纪核心素养5C模型"研究设计 [J]. 华东师范大学学报（教育科学版），2020 (2).

[82] 鲁洁，冯建军. 让道德教育成为最具有魅力的教育：鲁洁教授专访 [J]. 苏州大学学报（教育科学版），2020 (2).

[83] 王一军. 大学课程新使命：再造知识发现、加工与传播的连续体 [J]. 清华大学教育研究，2020 (4).

[84] 杨祥，王强，高建. 课程思政是方法不是"加法" [J]. 中国高等教育，2020 (8).

[85] 任少波，楼艳. 论高校德育共同体的三重意蕴 [J]. 高等教育研究，2018 (8).

[86] 石中英. 杜威的价值理论及其当代教育意义 [J]. 教育研究，2019 (12).

[87] 高国栋. 高校立德树人工作的理论内涵与优化路径 [J]. 思想教育研究，2020 (12).

[88] 邬大光. 探索高等教育普及化的"大国道路" [J]. 中国高教研究，2021 (2).

[89] 杨叔子，肖海涛. 文化素质教育是中国教育理论和实践的创新：杨叔子院士专访 [J]. 苏州大学学报（教育科学版），2021 (2).

[90] 别敦荣，易梦春. 高等教育普及化发展标准、进程预测及路

径选择［J］．教育研究：2021（2）．

［91］邬大光．大学转型的"阵痛"［J］．高等理科教育，2021（3）．

［92］宫福清，王少奇．再释通识教育之"通"与"识"［J］．教育科学，2021（3）．

［93］岳欣云，董宏建．素养本位的教育：为何及何为［J］．教育研究，2022（3）．

［94］赵婷婷，郭玉婷．超越传统成绩单：数字技术重塑大学生学习"画像"［J］．中国高教研究，2022（5）．

报纸

［95］唐景莉．寻找创新人才培养对接点［N］．中国教育报，2013-05-31．

［96］陶西平．当代世界教育教学改革六大新动向［N］．中国教育报，2014-04-27．

［97］习近平．习近平在全国高校思想政治工作会议上强调 把思想政治工作贯穿教育教学全过程 开创我国高等教育事业发展新局面［N］．人民日报，2016-12-09．

［98］习近平．在北京大学师生座谈会上的讲话［N］．人民日报，2018-05-03．

［99］钟启泉．为什么要从知识评价转向素养评价［N］．中国教育报，2021-02-10．

［100］戚业国．建设中国特色世界一流大学的逻辑起点［N］．中国教育报，2022-05-30．

其他

［101］联合国教科文组织国际教育发展委员会．学会生存：教育世界的今天和明天［R］．北京：教育科学出版社，1996．

［102］钱颖一．为什么中国的"杰出人才"少？［R/OL］．今日头条，2015-03-30．

二、英文文献

专著

［103］UNESCO . Global Citizenship Education：Topice and Learning Objective ［M］. Paris：UNESCO Publishing，2015.

其他

［104］UNESCO. Rethinking Education：Towards a global common good? ［R］. Paris：UNESCO Publishing，2015.